suhrkamp taschenbuch 1392

Erwin Rousselle (1890-1949) lehrte von 1924 bis 1929 als Professor für Philosophie an der Universität Peking und war von 1930 bis 1942 Direktor des China-Instituts in Frankfurt am Main. 1935 ernennt ihn die Universität Frankfurt zum apl. Professor. 1940 entzogen die Nationalsozialisten Rousselle die Lehrbefugnis. Ausführlichere bio-bibliographische Angaben enthält das Nachwort des Herausgebers.
Erwin Rousselle, dem wir eine der schönsten Übersetzungen des Dau-Dê-Ging verdanken (it 849), hat auch eine Interpretation dieses altchinesischen Weisheitsbuches vorgelegt. Man kann zwar das Dau-Dê-Ging einfach als eine Sammlung von Sprüchen zur Lebenskunst lesen. Doch dem Kenner des Dauismus enthüllt sich dahinter ein klar durchdachtes philosophisches Konzept: es stellt sich als ein mystischer Stufenweg zum Einssein mit einem letzten Prinzip dar, wie er sich seinen Grundzügen nach auch in mystischen Anleitungen anderer religiöser Systeme findet. Der Zugang zu dieser verborgenen Ordnung der Spruchreihe wurde Rousselle dadurch möglich, daß er in den zwanziger Jahren durch die damals noch lebendige Schule des Dauismus in China hindurchgegangen und in ihrer Meditationstechnik ausgebildet worden ist. Er hat sich bei seinem Verständnis des Dau-Dê-Ging von diesen Erfahrungen leiten lassen; und so erschließt er uns nicht nur den Text Lau-Dsis neu, sondern seine Interpretation ist zugleich ein kostbares Dokument einer inzwischen verschütteten Tradition mystischen Denkens im alten China.

Erwin Rousselle
Lau-Dsis Weg

durch Seele, Geschichte und Welt

Herausgegeben
und mit einem Nachwort
versehen von
Walter Haug

Suhrkamp

Das Nachwort der Ausgabe von 1973 wurde vom Herausgeber für das Taschenbuch überarbeitet.

suhrkamp taschenbuch 1392
Erste Auflage 1987

Suhrkamp Taschenbuch Verlag
Satz: IBV Satz- und Datentechnik GmbH, Berlin
Druck: Nomos Verlagsgesellschaft, Baden-Baden
Printed in Germany
Umschlag nach Entwürfen von
Willy Fleckhaus und Rolf Staudt

1 2 3 4 5 6 – 92 91 90 89 88 87

Inhalt

Einführung

LAU-DSI, dieser Typus altchinesischer Weisheit, altchinesischer Güte und altchinesischen Humors, ist eine Persönlichkeit, deren Geheimnis eine eigentümliche Verbindung von Tiefe und Geistesklarheit, von mythischer Ergriffenheit und völliger Bewußtheit ist. Diese Verbindung ermöglicht Weltüberlegenheit und zugleich Weltnähe. Die so entstehende innere Spannung – vom Urgrund des Wesens her bis zu den Oberflächenschichten seiner Seele –, diese Spannung ist es, die ihn treibt und bewegt. Aber eine solche innere Spannung ist zugleich eine Umspannung des ganzen Menschen. Spannung und Umspannung zugleich zu besitzen, liegt freilich jenseits aller verstandesmäßigen Philosophie, ist mehr, ist lebensvolle Weisheit eines vom Ganzen Ergriffenen.

Die Weisheit LAU-DSIS ist kein philosophisches System, keine Dogmatik, und hat doch eine geheime Ordnung. Sie ist eine Art aphoristischer Metaphysik mit genialen Durchblicken vom Urgrund her, ohne das ganze Gefüge der Welt im einzelnen aufzeigen zu wollen; aber gerade deswegen ist sie so fruchtbar geworden. Denn während um LAU-DSI herum eine ganze Welt in Trümmer sinkt und die alte chinesische Kultur zusammenbricht, entsteht in ihm ein neuer Kosmos, eine neue Ordnung der Welt, und fruchtbringendes Leben strömt aus ihm hervor. Im Dreischritt aber schreitet er seine Seele, die Geschichte und das Weltall ab.

Im Westen hat ORIGENES den Satz aufgestellt, daß fast alle Stellen der Heiligen Schrift dreifacher Auslegung fähig sind: einer historischen, einer ethischen und einer mystischen. Denn wenn es eine sinnvolle Erkenntnis gibt, einen sinnvollen Satz, dann muß dessen Wahrheit auf allen drei Ebenen richtig sein, nämlich sowohl gelten für die Geschichte der Menschheit – die historische Auslegung –, wie für den Einzelmenschen – die ethische Auslegung –, wie für den gesamten Kosmos – die mystische, metaphysische Auslegung. Gleichwohl besteht ein Unterschied in der Auffassung der drei Kardinalbeziehungen des Menschen zu sich, zur Geschichte und zum All zwischen der chinesischen Auffassung und der westlichen Konzeption.

ORIGENES verband mit dem geschichtlichen Moment das Buchstäbliche, Tatsächliche, mit dem seelischen Moment das Moralische; in China liegen die Akzente anders. Die Geschichte ist für den Chinesen eine wesentlich moralische Angelegenheit; daher ist Geschichtsschreibung sittliche Beurteilung und sittliche Sinndeutung des Geschichtsablaufs. Die Geschichte hat auch nicht den Ablauf eines unbedingten Fortschrittes, obwohl ein Aufstieg über die verschiedenen Kulturschöpfer im Altertum gelehrt wurde und eine Vollendung der Geschichte noch aussteht. Geschichte bewegt sich etwa in den Linien von Jahreszeiten, bald werden die sittlichen und religiösen Werte, wie das Altertum verkündete, besser, bald schlechter verwirklicht. Die Weisheit und die Vorbildlichkeit des Altertums bleibt immer unbestritten. LAUDSI, der häufig Bezug auf die Meister oder die Berufenen der Vorzeit nimmt, behandelt die »Geschichte« wesentlich als geschichtlich gegebene Gemeinschaft der Jetztzeit und beurteilt sie sittlich und religiös. Das Seelische behandelt er auch unter metaphysischem und sittlichem Aspekt, besonders aber unter dem der tatsächlichen Vorgänge und inneren Erfahrungen, das Weltganze aber als göttliche Hierarchie. In diesem Sinne schreitet er seine Seele, die Geschichte und die Welt ab. Diese drei Gebiete: Geschichte, Einzelwesen und Weltall, sind in ihrer tiefsten Schicht vom Sein her potentiell eins, da der objektive und der subjektive Geist im Absoluten als ihrem schöpferischen Urgrund wurzeln; und es ist diese gemeinsame Tiefenschicht, aus der heraus auch LAU-DSI zu uns spricht. Was er sagt, erhellt daher die Wege der Geschichte und der menschlichen Gemeinschaften und erleuchtet zugleich den Pfad unserer Seele und öffnet die Tore zu der ewigen Welt. Aus dieser Urtiefe heraus steigt übergegensätzlich der Sinn des Ganzen leuchtend empor und ermöglicht die Befreiung aus Verstricktheit, die Neugeburt des Menschen und die Beheimatung im Reiche des Ewigen.

Wenn wir uns nun seinem Büchlein zuwenden, das er uns hinterlassen hat, so enthält es einerseits Bekenntnisse einer ringenden Menschenseele, andererseits altes Traditionsgut, das die chinesische Überlieferung zu einem Teil dem Weisen der Vorzeit, dem »Gelben Herrn«, dem mythischen Kaiser HUANG-DI, zuschreibt, zum anderen als anonymes altes Spruchgut betrachtet. Aus dieser Tradition stammen einzelne Kapitel oder Zeilen von Kapiteln; aber alles Wesentliche und die Hineinstellung in den Zusammenhang mit den anderen Erkenntnissen stammt vom Verfasser des Buches, d. h. von LAU-DSI selbst. Nur wer den Urtext liest, versteht wohl ganz die Macht der Persönlichkeit dieses Weisen, und der kann dann auch nicht etwa mit der englischen Schule der Sinologie, mit HERBERT ALLEN GILES, der Meinung sein, daß LAU-DSI gewissermaßen nur eine halbmythische Figur sei, auf die man Weisheitssprüche übertragen habe. Gleichwohl muß zugegeben werden, daß die beiden wichtigsten Kommentatoren, auf deren vielfach auseinandergehende Textgestaltungen wir angewiesen sind, HO-SCHANG-GUNG (um 160 v. Chr.) und WANG BI (gest. 249 n. Chr.), manches je nach ihrem Verständnis verändert oder gar durch Ausführungen vorsichtig erweitert haben. Da aber die historische Überlieferung schon seit 450 v. Chr. LAU-DSI zitiert und da er uns aus seinem Werk als geschlossene Persönlichkeit entgegentritt, müssen wir ihn als einen der großen historischen Menschen betrachten, die in der chinesischen Zeitwende des 5. Jahrhunderts v. Chr. lebten und ein neues Zeitalter einleiteten.

Sein Büchlein, das also einer uralten Tradition folgt und zugleich ein ganz persönliches Erleben darstellt, hat erst seit HO-SCHANG-GUNG den jetzigen Titel: ›Der Kanon vom *Dau* und *Dê*‹. Beide Worte sind schwer zu übersetzen. *Dau* heißt als Substantiv gemeinhin »der Weg, die Bahn«, und es ist damit wohl im mythischen Denken ursprünglich die Bahn der Gestirne am Himmel gemeint, das *Dau* des Weltalls, die geheime Ordnung des Kosmos, in der sich Gestirne und Jahreszeiten bewegen. Aber im Sprachgebrauch LAU-DSIS bedeutet *Dau* nicht nur das Geordnete, sondern auch das Ordnende, das die Wege weist, die Weltführung. Denn für LAU-DSI, der, wie das Dialektwörterbuch *(Fang-yen)* der Han-Zeit zeigt, Tai-Fremdwörter braucht und offenbar unter dem Einfluß der mutterrechtlichen Kultur der Tai-Stämme des Tschu-Staates oder der Überlieferung aus den Zeiten der Schang-Dynastie des zweiten Jahrtausends steht[1], bezeichnet *Dau* die göttliche Weltführung, und zwar als »Mutter der Welt« oder »des Landes«, als »Gebärerin von Himmelsgott und Erdgöttin«, oder »Mutter der zehntausend Wesen« oder als »Mutter« desjenigen Menschen, der als »ihr Kind« sie findet. LAU-DSI schildert *Dau* nicht als unpersönlichen Urgrund der Welt, sondern als ein Wesen mit allen Fähigkeiten des Liebens, des Sichverströmens, der Güte, aber auch des Verabscheuens und des sittlich-richtenden Bewertens. *Dau* ist ein machtvoll und zugleich geheim Wirkendes, es bringt hervor und nährt, es erhält und schirmt voller Bewußtsein, Empfindung und zielgerichteter Spontaneität. Es »errettet den Sünder« und gewährt dem, der es gefunden hat, ein zweites Leben nach dem Tode, so daß er »bei des Leibes Untergang ohne Gefahr« ist. Kurz, LAU-DSI schildert *Dau* als Große Göttin-Mutter mit Eigenschaften, die wir nur als personal bezeichnen können. Alle Erklärungen und Übersetzungen, die diese Tatsache nicht berücksichtigen – so auch die chinesischen Kommentare, welche samt und sonders chinesische Anschauungen späterer Jahrhunderte oder die eines anderen (vaterrechtlichen) Kulturstromes hineinlegen –, haben daher LAU-DSI in dem entscheidenden Punkte bisher vollkommen mißverstanden. Dies haben schon VICTOR VON STRAUSS und ALFRED FORKE in ihrer ›Geschichte der chinesischen Philosophie‹[2] erkannt und *Dau* als persönliche Gottheit bewertet. Es tut uns daher ein neues Verständnis des LAU-DSI unter dem Gesichtspunkt not, daß *Dau* als Weltführung, als Führerin und Ordnerin des Alls, d. h. als Große Göttin-Mutter zu verstehen ist.

Es geht dabei der Sinologie wie seinerzeit der Indologie. Die Indologie erreichte ihren hohen Stand in der Erforschung der indischen Geistesgeschichte erst, als sie sich von den einheimischen Überlieferungen und dem Wust der Kommentare freimachte und die abendländischen wissenschaftlichen Methoden der historischen Kritik, der Religionswissenschaft, der Völkerkunde usw. auf das indische Material anwandte und darauf auch die Inder anfingen, in Europa Indologie zu studieren und nach abendländischer Weise ihre Überlieferungen zu erforschen.

Dau als personales Ordnungsprinzip nun geht durch alles hindurch, es ist auch für das menschliche Leben das Vorbild und zugleich das in ihm geheimnisvoll Wirkende. So wie nämlich der Himmel seine Ordnung, sein Ordnendes hat, so soll der Mensch sein *Dau* erkennen, mit dem *Dau* der Welt eins werden und es entsprechend der kosmischen Ordnung verwirklichen.
Überall aber im Kosmos, wo diese geheime Ordnung wirkt, offenbart sich eine geradezu magische Kraft, chinesisch *Dê* genannt, und wer das *Dau* in sich verwirklicht auf der Bahn seines inneren Wandels, der besitzt auch die Kraft des *Dau,* die Urkraft des Weltalls. Erst spät, unter dem Einfluß des Rationalismus hat sich die Bedeutung des Wortes *Dê* dann von »kosmische Kraft, magische Kraft« zu »Tauglichkeit« und »Tugend« gewandelt. Ursprünglich war *Dê* nicht auf die Moral eingeengt, sondern bezeichnete, was aus metaphysischen Tiefen des Kosmos hervorbricht und in den einzelnen Erscheinungen und Wesen, je nach ihrer Nähe zur Tiefe des Kosmos, machtvoll in Erscheinung tritt und nach außen wirkt.

Wenn wir verstehen wollen, wie LAU-DSI zu dem Erleben

gekommen ist, das sich in seinem kleinen Büchlein niedergeschlagen hat, dann müssen wir uns in die Situation seiner Zeit versetzen. Es ist ungefähr dieselbe Zeit, in der auch KONFUZIUS lebte, die Zeit des Untergangs des alten Reiches, des Verfalls der Kaisermacht, des Kampfes aller gegen alle. Das alte Reich wurde von einer mythisch-kosmischen Vorstellung getragen. Es war kein Staat im Sinne einer rationalen juristischen Staatslehre, es war ein Heiliges Reich. So wie am Himmel an dem ruhenden Punkt des Polarsternes der Thron des höchsten Gottes steht und der höchste Gott vom Norden her, im Sinne der Weltachse, auf die Schöpfung blickt, so verhält es sich mit der Position des Kaisers auf Erden, der als Adoptivsohn nicht nur vom höchsten Gott eingesetzt ist, sondern durch jungfräuliche Empfängnis der Ahnherrin der Dynastien auch leiblich von ihm abstammt: hinter dem Rücken des Kaisers leuchtet der Nordstern, und der Kaiser blickt wie sein himmlischer Vater nach Süden in der Richtung der Achse der Welt. Er hat das »Mandat«, die Welt zu regieren, denn »das unter dem Himmel Seiende« *(Tiën-hia)* ist die Welt, ist das Heilige Reich. Die Chinesen haben nur *ein* Wort für beides. Diese Ökumene zu verwalten und ihr vorzustehen, im Auftrage des Himmels und als sein Sohn, das war die Aufgabe des chinesischen Kaisers und Priesterkönigs. Erleuchtet vom *Dau,* handelt er aus tiefster Weisheit und Güte, durch Selbstlosigkeit, durch Vorbildlichkeit und Zurückhaltung. Er gleicht alle Gegensätze aus und lenkt die Welt durch Nichtgeschäftigkeit.

Aber er ist nicht nur durch Auftrag, von oben her, Stellvertreter, er vertritt zugleich von unten her als Mittler den Menschen vor Gott, und zwar ist er Hoherpriester,

Lehrer und Vorbild und zugleich selber das Sühneopfer. Daher betet er: »Wenn ich selbst Sünde habe, so rechne sie nicht den hundert Sippen der zehntausend Gegenden zu; wenn die hundert Sippen der zehntausend Gegenden Sünde haben, so bleibe die Sünde auf meiner Person *(Schu-ging, Tang-gau)*.« So nimmt er die Schuld des Volkes, des Reiches, der Erde auf sich. Aufgrund dieser sakralen Funktion besitzt er den Titel *Schen-jën*, der »heilige Mensch«, genauer: der »berufene Mensch«. Die chinesischen Schriftzeichen für dieses Wort »heilig« zeigen oben »Mund« und »Ohr« und darunter »den Menschen auf der Erde«, d. h. »der ein Amt hat«. Das Zeichen bedeutet also den, »der als Mandatar zu hören und zu sprechen vermag«. Aber die älteste chinesische Schrift schreibt das Wort auch anders: »Ein Strich oben und unten und dazwischen zwei Sonnen«, d. h. dieser heilige Mensch ist »die zweite Sonne zwischen Himmel und Erde«. Oder noch eine andere Schreibweise: vorn das Zeichen für »segensvolle Vorbedeutung«, (»Kaurimuschel« – Opfergabe? –, oben mit dem »Orakelzeichen« geschrieben) und daneben das Zeichen des »Brunnens«. Das ist also »derjenige, welcher ein Brunnen ist«, d. h. »ein Quell der Offenbarung, des Lebens und der Weisheit« und »welcher als (höchster) Opferpriester segensvolle Vorbedeutung trägt«, d. h. kennt, lehrt und verwirklicht. Kraft dieser Stellung nun, die die heilige Person des Kaisers einnahm, hielt er das ganze Staatswesen zusammen; und dieser Anspruch und diese Würde von universaler Bedeutung erhoben ihn über die anderen, nur weltlichen Stammeshäuptlinge und Fürsten des Landes.

Sie alle hatten ihr Land zu Lehen von ihm. Aber da das

Kronland in der Mitte lag, hatte die Kaiserdynastie keine Möglichkeit, es auszudehnen. So ging dieses Heilige Reich großen Gefahren entgegen. Die Bundesfürsten wurden durch Eroberungen nach außen immer mächtiger und aufsässiger, die Macht des Kaisers geringer. Der Adel und der Ritterstand strebten nach ähnlicher Macht und Unabhängigkeit; und so wurde das alte Kaiserreich, das Reich des Priesterkönigs, im Streite zwischen Bundesfürsten, zwischen Territorialherren und Rittern zusehends morscher. Das bedeutete zugleich den unaufhaltsamen Verfall seiner großen und heiligen Staatsidee.

In diesen Jahrhunderten des Niedergangs standen jene anderen Kreise abseits, die wußten, um was es ging, nämlich um den Zusammenbruch der heiligen Macht, d. h. der Macht des Heiligen, und um die Rettung des göttlichen Auftrags. Zu diesen Männern gehört auf der einen Seite KONFUZIUS, auf der anderen LAU-DSI. Beide stammen, der Überlieferung nach, aus alten Herrengeschlechtern, beide sind aber keine Majoratsherren. KONFUZIUS war wohl ein unehelicher Sproß, LAU-DSI der Abkömmling der Seitenlinie eines Adelsgeschlechtes. Darum ergriffen sie notwendigerweise andere Lebensformen als die des weltlichen Herrentums, nämlich geistlich-geistige. So war LAU-DSI Vorsteher der Archive des Kaisers in dessen Ahnentempel, KONFUZIUS Sammler der alten Überlieferungen, Staats- und Sozialreformer, Haupt einer Schule der Staatsweisheit, zeitweilig auch Minister.

Die Tempelarchive bewahrten die Summe der Bildung und Tradition. Ihre Archivare gehörten zu den Schriftgelehrten *(Ju)* – ursprünglich ein Priesterstand der vorangegangenen Schang(Yin)-Dynastie. Sie konnten lesen und schreiben, sie kannten die alten Chroniken und Riten und waren – abseits der Machtkämpfe stehend – besorgt und bemüht, das Reich, das Heilige, zu retten. KONFUZIUS sah im aktiven Handeln und in einer konservativen Reform den richtigen Weg. Über die tieferen Fragen, in denen sich die Menschen doch nicht einig werden können, schweigt man nach seiner Meinung besser mit Ehrfurcht und läßt sie dahingestellt. Ganz anders LAU-DSI: eben nicht handeln, sondern erst innerlich ein anderer werden, dann ergibt sich von selbst ein Handeln ohne zu handeln, ein Wirken, ohne wirken zu wollen. Das ist freilich eine völlig andere Grundhaltung als die des KONFUZIUS, und damit ist auch das Ideal vom Menschen, vom Vollkommenen, vom Typus, dem nachgelebt werden und der verwirklicht werden soll, völlig anders. Für KONFUZIUS gilt das alte aristokratische Ideal des Edelmannes, des »Edlen«. Für LAU-DSI dagegen besteht – was für KONFUZIUS eine ungeheure Blasphemie wäre – das Ideal darin, daß jeder vom Himmel berufene Mensch ein »Heiliger«, d. h. ein Kaiser, ein »Sohn des Himmels« mit Auftrag vom Himmel her sein soll, also auch selber als Mittler das Sühneopfer zu bringen hat, eine Idee, die später verständlicherweise vom konfuzianischen Staat immer wieder als ketzerisch abgelehnt wurde. Und so war es denn auch KONFUZIUS, dessen Lehre – allerdings nicht mehr zu seinen Lebzeiten – das Reich zu gestalten vermochte. Aber auch das ist dahingegangen, und wenn heute an chinesischer Kultur Ungeheures zusammenbricht, LAU-DSI erscheint dem heutigen Chinesen vielfach wieder als der größere Meister, als der Weise der Zukunft. LAU-DSI sagt:

Wünschte man zu erobern die Welt
und in sie einzugreifen[3],
Ich habe gesehen, das gelingt nicht.
Die Welt ist ein göttliches Gefäß,
Man darf nicht in sie eingreifen.
Eingreifer zerstört,
Zugreifer verliert,
Denn die Wesen[4]
Gehen bald voran, bald bleiben sie zurück,
Bald haben sie Mundsperre[5], bald prahlen sie,
Bald sind sie zu stark, bald sind sie
stützungsbedürftig[6],
Bald steigen sie auf[7], bald sinken sie ab.[8]
Darum der Berufene[9]:
Er meidet das Zusehr,
Er meidet das Zuviel,
Er meidet das Zugroß.
(Kap. 29)

Die hohe Kunst des Lebens und Wirkens in der Geschichte ist also für LAU-DSI ein Übergegensätzliches oberhalb der Polaritäten dieser Welt, ein Radikalismus oberhalb der Radikalismen. Sie wird ermöglicht durch eine »Einkehr zur Wurzel« vor aller Spaltung.

1. Leerheit

Diesen übergegensätzlichen Standpunkt einzunehmen und von dort her zu leben und zu wirken, ist nur möglich, wenn man den Gang nach innen angetreten hat und gerade nicht aus Scheu und nur allzu begreiflicher Ehrfurcht – wie KONFUZIUS – auf diesen Weg verzichtet. Allein im Inneren finden wir den archimedischen Punkt, wo Welt und Leben mit all ihren Polaritäten zusammenfallen. Das innere Geschehen ist erkenntnismäßig der Schlüssel zum Verständnis der Welt. LAU-DSI sagt:

Nicht aus dem Tore gehend erkennt man die Welt,
Nicht aus dem Fenster spähend schaut man des Himmels *Dau*.
Je weiter einer hinausgeht, desto geringer wird sein Erkennen.
Darum der Berufene: Nicht hingehend erkennt er doch,
Nicht hinsehend benennt er doch,
Nicht handelnd gestaltet er doch.
(Kap. 47)

Im Innern liegt die Wahrheit, nicht draußen – eine Erkenntnis, die auch uns durch die Inschrift über dem Eingang zum Delphischen Tempel seit alters wohlvertraut ist –:

Andre Erkennender ist klug.
Sich selbst Erkennender ist erleuchtet.
Andre Besiegender hat Kraft.
Sich selbst Besiegender ist stark,
Genügsamkeit Kennender ist reich!
Stark Voranschreitender hat Willen,
Seinen Platz (im metaphysischen Zusammenhang mit Kosmos und Geschichte) nicht Verlierender dauert.

Beim Tode nicht Unterliegender lebt fort (in eben
diesem metaphysischen Zusammenhang).
(Kap. 33)

Es gibt nun einen Spruch, in welchem LAU-DSI den Gang nach Innen als Gang durch Seele, Geschichte und Welt in einer Gesamtskizze entwirft; es ist der sechzehnte. Wir können ihn mit dem Kommentator HO-SCHANG-GUNG nach einem Worte LAU-DSIs die »Rückkehr zur Wurzel« nennen. Dieser Spruch kann als klassische Introduktion zum mystischen Weg, d. h. zum Pfade des Heils und der Reifung des Menschen bei LAU-DSI gelten. Er enthält – religionswissenschaftlich gesehen – das Erlebnis der Initiation oder Berufung und die Schau der charismatischen Stufen des ganzen inneren Weges: mit der Leerheit und Stille beginnend, über die Erleuchtung hinführend bis zur *unio mystica* mit *Dau* und der Begnadung mit ewigem, ungefährdetem Sein.
LAU-DSI sagt in diesem Spruch:

1. Erreiche der *Leerheit* Gipfel
Und wahre der *Stille* Stete!
(Entstehen die zehntausend Wesen auch allesamt,
Wir sehen an ihnen, wie sie umkehren:
Von all den Wesen in ihrer Unzahl
Kehrt ein jedes wieder zu seiner Wurzel zurück.)
Rückkehr zur Wurzel meint Stille.
Stille meint *Erfüllung der Bestimmung*,
2. Erfüllung der Bestimmung meint *Ewigkeit*.
Erkenntnis der Ewigkeit meint *Erleuchtung*.
(Nichterkenntnis der Ewigkeit

Ist abwegig, schafft Unheil.)
Das Ewige kennen ist: *umfassend sein!*
3. Umfassend, alsdann *dem Ich überlegen,*
Dem Ich überlegen, alsdann *der Welt überlegen,*
Der Welt überlegen, alsdann *verbunden mit dem Himmel,*
Verbunden mit dem Himmel, alsdann *eins mit Dau,*
Eins mit *Dau,* alsdann von Dauer –
Und untergehenden Leibes ist man nicht gefährdet.
(Kap. 16)

1. Betrachten wir den ersten Teil des Spruches, so stoßen wir gleich in der Anfangszeile auf den dem heutigen Abendländer nicht sonderlich geläufigen Begriff »Leerheit«. Das ist ein Begriff, der in der Mentalität, in den Religionen und ethischen Anschauungen Asiens, d. h. vornehmlich des chinesischen und indischen Kulturkreises, eine besondere Bedeutung besitzt. Dem vorderen Orient ist trotz seines arabisch-islamischen Aktivismus doch auch die »Leerheit« wohlvertraut, und zwar nicht nur in den Formen der – teilweise von Indien her beeinflußten – sufischen Mystik, sondern auch in alltäglichen einfachen Zuständen der Entspannung, wie z. B. in dem *Kêf* des Türken. Der vordere Orient ist auch hier, trotz seiner – von Asien her gesehen – überwiegend westlichen Züge, der Übergang zwischen dem fernen Osten und uns. Aber auch dem Westen ist der Begriff der »Leerheit« keineswegs unbekannt; er hat seine großartigste Ausprägung in der Mystik des abendländischen Mittelalters gefunden.

Es gibt zwei wesentlich verschiedene Haltungen, die der Mensch geistig einnehmen kann, eine der Anspannung und eine der Entspannung. Die erstere ist die des auf ein Objekt gerichteten, gesammelten Nachdenkens und der willensmäßigen Anstrengung, auch der erregten Reaktion auf Objekte. Wenn übertrieben, führt diese Haltung zur Verkrampfung. Sie ist, von China her gesehen, der Hauptfehler des Abendlandes und die Ursache seiner kindlichen Unzulänglichkeit, seiner Enge und seiner dauernden Zusammenbrüche. Die andere Haltung ist die der Gelockertheit, des Entwerdens, der *sancta indifferentia* des Gefühls, der Gedankenleerheit und – wenn falsch gehandhabt – des geistigen und moralischen Dahindämmerns. Dieser Fehler erscheint uns Abendländern als der Fehler so vieler asiatischer Völkerschaften. Er ist das Gegenstück zur westlichen Verkrampfung und führt zur Geschichtslosigkeit. Im eigentlichen Bereich des Geistigen führt die Anspannung zu höchster Bewußtmachung und Analyse aller Gegenstände der Erkenntnis, zur vollen Entfaltung des Intellektes und zur Wissenschaft, Entspannung aber zum Lauschen auf die Inspiration, zur Erleuchtung und zur Weisheit.
Anthropologen und Ausdruckskundler unterscheiden entsprechend den beiden Grundhaltungen zwei wechselnde Ausdrucksformen des menschlichen Gesichts und des Körpers und nach dem Überwiegen des einen von beiden die typische Mentalität des einzelnen Menschen und ganzer Rassen. Wenn man längere Zeit im Innern Chinas gelebt hat und zum ersten Mal wieder Abendländer sieht, ist man immer überrascht von dem verkrampften, ja bösartigen Gesichtsausdruck der Europäer im Vergleich zur allgemeinen Gelassenheit und zum Gleich-

mut – wenn auch vielfach Gleichgültigkeit – im Ausdruck des Chinesen.

Dahinter steht eine grundsätzliche psychische Differenz. Es scheint, daß der Abendländer einen Persönlichkeitskomplex hat, weil er eine weitgehend zentral durchstrukturierte Seele besitzt. Hat man einen Abendländer in einer charakteristischen Situation des Lebens gesehen, so kennt man ihn und kann beurteilen, wie er sich in Situationen, die auf ganz anderen Gebieten liegen, verhalten wird. Dieses Zentrum in der Mitte der Seele, von dem aus alles radial gleichmäßig durchpulst ist, fehlt dem Asiaten. Hierauf hat seinerzeit schon WILLY HAAS in seiner Studie ›Die Seele des Orients‹ hingewiesen.[10] Beim östlichen Menschen ist die Mitte »leer«. Der Mensch des Ostens besitzt sozusagen eine »Galerie-Seele«, deren einzelne *compartiments* die Reaktionsfelder auf die Gegenstände der Außenwelt sind und sich um einen »leeren mittleren Raum« gruppieren. Auf jedem Gebiet des Lebens verhält er sich fast ohne Beziehung auf sein sonstiges individuelles Sein (nur sein unpersönlicher sozialer Typus spricht überall mit). Den Asiaten kennt man also nur, wenn man rings um ihn herumgegangen ist und die einzelnen *compartiments* gesehen hat, d. h. wenn man Gelegenheit hatte, ihn in seinen Reaktionen in den verschiedenen Bereichen des Lebens und gegenüber verschiedenen Ereignissen der Außenwelt zu sehen.

Da den Europäer sein Ich im Mittelpunkt des »mittleren Raumes« dauernd hindert, über sich selber hinauszuwachsen zu einer welt- und schicksalsüberlegenen Persönlichkeit – wozu zunächst Ichüberlegenheit gehört –, so wird er meist fünfzig Jahre alt, bis der Durchbruch des Sinnes von Welt, Geschichte und Leben in ihm erfolgt. Der Chinese, der zwar in der Jugend von Leidenschaften und Torheiten genau so bewegt wird wie der Abendländer, hat gewöhnlich mit dreißig Jahren deutlich den Übergang zu dem erreicht, was künftig Reife, Erfahrung, Altersweisheit und Würde des Menschen ausmachen soll. Es steht in seiner Mitte kein Ich als Mittelpunkt, das erst noch *sub specie aeternitatis* zu betrachten wäre und erst damit richtig eingeschätzt werden könnte, sondern das Ich ist außen, in den *compartiments,* den seelischen Reaktionsbezirken. Innen ist »Leerheit«.

Durch diesen »leeren mittleren Raum« – um die räumliche Gleichnissprache beizubehalten – oder das leere »Reich der Mitte« – um die Sprache chinesischer Mystik zu übernehmen – stößt man auf die Tiefenachse der Seele, auf die »Achse der Welt« – um wiederum einen Ausdruck der chinesischen Mystik zu gebrauchen – und begibt sich damit in einen Raum höherer Dimension, der sich nach Höhe und Tiefe ins Unendliche verliert. In diesem Reich, seinem »Brunnen der Tiefe« und den ewigen Sternen der Höhe wohnen die Ideen, die Urbilder des kollektiven Unbewußten. In diesem Reich manifestiert sich und erscheint dem Menschen die absolute Welt. Die Urbilder oder Ideen sind die Organe, mit denen der Mensch das Absolute erfaßt. Daher ist der Weg ins Innere ein Gang zu den »Müttern«, eine »Rückkehr zur Wurzel«. Der Sinn des menschlichen Daseins ist kein anderer als der, die Hieroglyphenschrift der absoluten Welt ergriffen zu lesen und zu verstehen und mit ihrem Sinn das eigene Leben erfüllen zu lassen.

Durch den Gang ins Innere scheiden die Ablenkungen durch die Außenwelt aus, aber es bleiben noch die einander ablösenden und jagenden Gedanken des Bewußtseins. Darum muß die Leerheit durch Entspannung erreicht werden (wie es in der Meditation geschieht). Durch die Vorstellung des Nichtdenkens – dies ist der einzig gestattete Gedanke – müssen alle störenden Vorstellungen des logisch-diskursiven Denkens ausgeschaltet werden. So kommt der Mensch zur Ruhe. Nur dann ist die Seele still, d. h. bereit, eine Erleuchtung in der Meditation oder im schweigenden Gebet zu empfangen.

Da die Leerheit also die Aufnahmebereitschaft der Wesensmitte des Menschen bedeutet, in der er die Offenbarungen der ewigen Welt empfängt, so versteht es sich, daß das Wort »Leerheit« eine so bedeutsame Rolle in den Religionen und sittlichen Idealen des Ostens spielt, zumal dort das Ich in den Außenbezirken, den *compartiments,* nicht in der Wesensmitte lokalisiert ist. Aber Leerheit bezeichnet im Osten nicht nur etwas Seelisches (Aufnahmebereitschaft auf Grund der Freiheit von Ablenkungen durch störende Vorstellungen), sondern auch die Undefinierbarkeit und Übergegensätzlichkeit des Metaphysischen und schließlich zudem auf ethischem Gebiet die Selbstlosigkeit und Unbeeinflußbarkeit durch Sinneseindrücke. Lebt der östliche Mensch im Ich, so lebt er in den Außenbezirken der Seele, überschätzt seine Persönlichkeit und will die Welt reformieren – dies wirft LAU-DSI in dem Gespräch bei der sagenhaften Begegnung mit KONFUZIUS diesem vor –. Lebt er aber in seiner Wesensmitte, so lebt er in heiliger Leerheit, ohne Ehrgeiz, die Weltführung *(Dau)* ergreift ihn und erfüllt ihn mit ihrer Kraft *(Dê)*. Er wirkt, ohne einzugreifen, und die Welt wird von selber recht.

Der moderne chinesische Sammelkommentar des TSAU-

DSÜ-JEN (1925) sagt unter Verwendung der jüngeren Terminologie vom ursprünglichen Zustand des menschlichen Geistes und seiner a priori gegebenen Leerheit: »Rückkehr zur Wurzel ist Rückkehr zur Leerheit und Stille des ursprünglichen Zustandes des menschlichen Geistes. Ist man nicht entfernt von seinem ursprünglichen Zustand, dann mögen die Wesen allesamt entstehen, wir sehen an ihnen, wie sie sich umwenden und wieder zurückkehren zu Leerheit und Stille. Sind die Objekte nicht im Stande, unseren ursprünglichen Geist zu trüben, so ist dies in Wahrheit das, was man nennt: der Leerheit Gipfel und der Stille Stete.«
Die Dauisten haben das Eintreten des meditativen Zustandes, dies Eingehen in die Versenkung, an die drei Ausdrücke aus dem Anfang der »Höheren Erziehung« *(Da-hüo)* der konfuzianischen Schule geknüpft: *Ding, Dsing, An.* Diese legen sie so aus: Zuerst Fixierung *(Ding)* des Bewußtseins im Zentrum des Wesens (in der Mitte des Sonnengeflechts) statt in den Außenbezirken des Ichs (im Gehirn), sodann Eintreten der Stille *(Dsing)* ohne Störung durch Gedankenabläufe und Vorstellungen, endlich Frieden *(An)* und Erfüllung mit der Seligkeit der hellwachen Bereitschaft.

Von all den Wesen in ihrer Unzahl
Kehrt ein jedes wieder zu seiner Wurzel zurück.
Rückkehr zur Wurzel meint Stille.
Stille meint Erfüllung der Bestimmung,
Erfüllung der Bestimmung meint Ewigkeit.

Textkritisch sei bemerkt, daß wir mit den ältesten Überlieferungen des Textes lesen: »in ihrer Unzahl, in ihrer zahlenmäßigen Wirrnis.« DSCHUANG-DSI (XI) hat eine etwas andere Fassung des gleichen, offenbar geflügelten Wortes: »Sind die zehntausend Wesen voll entfaltet, so kehrt ein jegliches wieder zu seiner Wurzel zurück.« Doch ist der Unterschied beider Fassungen für den Zusammenhang nicht von Bedeutung.

Unser Sammelkommentar geht bei der Erklärung dieser Zeilen auf den Kreislauf des Lichtes und des Lebens innerhalb der Stunden von Nacht und Tag und der Gezeiten des Jahres ein. Er sagt:

Einmal wird das Licht *(Yang)* geboren in der Stunde *Dsi* (23-1 Uhr oder Vollmitternacht des Jahres), das ist die Wintersonnenwende, und von den Wesen wird jegliches in seinem ursprünglichen Zustand geboren. Dann bewegt es sich bis zur Stunde *Si* (9-11 Uhr oder Mittagsanfang des Jahres), und seine Blätter entfalten sich voll. Das ist der Gipfel der Bewegung des *Yang*. Ist die Bewegung auf ihren Gipfel gelangt, dann tritt die Ruhe (oder Stille) ein. Ist die Stille da, dann wird das Dunkle *(Yin)* geboren in der Stunde *Wu* (11-13 Uhr, Vollmittag des Jahres). Das ist die Sommersonnenwende, und von den Wesen kehrt jegliches zu seiner Wurzel zurück und wird ruhig bis zur Stunde *Hai* (21-23 Uhr, Mitternachtsanfang des Jahres), und seine Blätter vergehen in Nichts. Das ist der Gipfel der Ruhe (oder Stille) des *Yin*. Am Gipfel der Ruhe kehrt es wieder um zur Bewegung, abermals wird das Lichte *(Yang)* nunmehr geboren in der Stunde *Dsi* (23-1 Uhr, Vollmitternacht des Jahres). In diesem *Dau* der Erzeugung des Lebens liegt Ewigkeit. Darum meint Rückkehr zur Wurzel Ruhe (oder Stille), Stille meint Rückkehr zur Bestimmung, Rückkehr zur Bestimmung meint Ewigkeit.

Die Bestimmung ist wie ein Auftrag. Das, was der Himmel festgesetzt hat, das ist die Bestimmung. Die zehntausend Wesen empfangen sie und leben.
Über den Menschen sagt man: Die Wurzel ist der ursprüngliche Geist (der Geist an sich, unser metaphysischer Kern). Einkehr zur Wurzel ist Rückkehr zur leeren Stille des ursprünglichen Geistes. In dieser kann man den Auftrag des *Dau* schauen, d. h. das, was der Himmel bestimmt hat.
Dann kann man, ist die Stille stetig, sich zurückwenden zum himmlischen Auftrag: vereinigt zu werden mit der Leerheit des *Dau,* und so Ewigkeit besitzen. Kehrt man aber nun nicht zu seiner Wurzel zurück, dann kann man nicht stille sein. Kann man nicht stille sein, dann ist dies ein Verstricktsein in die Sinnenwelt, und man kann sich nicht zu dem Auftrag, vereinigt zu sein mit der Leerheit des *Dau* und ewig zu dauern, zurückwenden. Darum besteht das Erreichen des Gipfels der Leerheit im Bewahren der Stetigkeit der Stille.
DSCHOU MAU-SCHU sagt u. a.: »Was ferner Leerheit und Stille anlangt, so sind sie wie eines leuchtenden Spiegels stillstehendes Wasser: die Objekte kommen, dann tritt die Vereinigung (mit ihnen) ein. In der Vereinigung liegt ein Stück Selbstlosigkeit. Entspricht man dann diesem Vereintsein ständig, so tritt die ständige Leerheit und Stille ein. Soll man nicht darum sich zurückwenden zur Bestimmung und zu ewiger Dauer?«
Der Philosoph SU sagt: »Wenn man noch nicht zu seiner (ursprünglichen) Natur zurückkehren kann, obwohl man durch das Abstellen der auftauchenden Gedanken die Stille sucht, so ist das keine Stille, denn man muß zur Wurzel zurückkehren, das erst gibt Stille.«

Unser Sammelkommentar, der sich wie alle chinesischen Kommentare in den jüngeren ausgeprägten Vorstellungen von »ursprünglichem Geist« und »ursprünglicher Natur« des Menschen und des *Dau* bewegt, fährt fort: »Weil Toren, wenn sie das Buch LAU-DSIS lesen, Mißverständnissen ausgesetzt sind, indem sie bei der Erwägung des Wortes ›Geist‹ nicht das Wort ›(ursprüngliche) Natur‹ spüren, sagt DSI-YU in seinem Kommentar wiederholt: Was ist Natur?« Der dem KONFUZIUS zugeschriebene Kommentar zum ›Buch der Wandlungen‹ sagt: »(Was) einmal *Yin,* einmal *Yang* (ist), das heißt *Dau;* das Verwirklichende ist das Gute, das Gestaltende ist die Natur.« In den ›Gesprächen‹ des KONFUZIUS steht der berühmte Satz: »Durch Natur steht man einander nah, durch Gewöhnung entfernt man sich voneinander.« In ›Maß und Mitte‹ heißt es: »Des Himmels Bestimmung, das ist (unsere) Natur.«

Von diesen Aussprüchen dann abwärts in der Zeitenfolge wurde das Wort »Natur« in verschiedener Auffassung gelehrt. Darum folgen die Konfuzianer dem Ausspruch des MENCIUS, die Natur des Menschen sei gut, und seiner Darlegung, es gäbe eine Rückkehr zu dieser Natur. Aber im Anfang der Zeiten wurde von dem sagenumwobenen Kaiser und Kulturschöpfer YAU an seinen Nachfolger SCHUN das Wort übergeben: »Du halte getreulich die Mitte.«

Unter dem Wort »Mitte«, so sei hier nochmals betont, versteht die mystische Überlieferung der Chinesen nicht nur das geschichtliche Kronland der Mitte, das kaiserliche Reich der Mitte, und die Erde als Mitte des Makrokosmos, sondern auch das Innere des Menschen als Mikrokosmos, als das Organ, mit dem der Mensch die

göttlichen Offenbarungen aufnimmt. Hier empfängt der Berufene und Heilige als »Sohn des Himmels« den Befehl des »Herrn in der Höhe«: Vorbild, Mittler und Sühneopfer für die Menschen zu sein und von seinem »Reich der Mitte« aus höchste Gesittung und Erleuchtung auszustrahlen und zu verbreiten. Auch der Ausspruch des LAU-DSI in der letzten Zeile von Kap. 5: »Besser ist's, die Mitte zu wahren!« wird von den dauistischen Kommentaren gern in diesem Sinne ausgelegt. Kehren wir zurück zu dem Wort des Kaisers YAU an seinen Nachfolger SCHUN. Von SCHUN wurde gleichsinnig an seinen Nachfolger YÜ das Wort übergeben: »Des Menschen Geist sinnt Gefährliches, der Geist des *Dau* aber Unfaßbares, die Essenz, das Eine. Halte Du getreulich die Mitte!« Er sprach auch nicht von der »Natur«. Das, was man die »Natur des *Dau*« nennt, das ist der ursprüngliche Geist (d. h. der Geist an sich).
Wer ständige Leerheit und ständige Stille hat, der vermag sämtlichen Angelegenheiten des Lebens zu entsprechen, ohne daß er seine Richtigkeit und Geradheit verliert. Man halte sich an die leere Stille, das Unfaßbare ist ihr Geheimnis und das Schwierige ihre Erleuchtung. So erlangt man Verbundenheit mit dem Ewigen.

2. Erfüllung der Bestimmung meint Ewigkeit.
   Erkenntnis der Ewigkeit meint Erleuchtung.
   Nichterkenntnis der Ewigkeit
   Ist abwegig, schafft Unheil.
   Das Ewige kennen ist: umfassend sein!

Hat man im Kreislauf der Natur das Entstehen, Blühen, Reifen und Zurückgehen zum Ursprung gesehen und auf sich selbst bezogen, also das Woher, das Was und Wohin alles Lebendigen durch Rückkehr zur Wurzel erschaut und dadurch Erfüllung der Bestimmung und Berührung mit der Ewigkeit gewonnen, so folgt der zweite Abschnitt der inneren Reifung, der des Mannesalters des Geistes: die Erkenntnis des Ewigen mit den zwei Stufen: Erleuchtung und Umfassendsein.

Wieder dem Sammelkommentar folgend, hören wir: »Das Ewige erkennen ist Verbundenheit mit dem Geheimnis des Lebens. Hat man wirklich seine Wurzel in der Leerheit und Stille, so heißt das Erleuchtung. Wenn man dies nicht kennt, so bewegt man sich abwegig, und das ist dann das Unheil. Daher, wer das Erlebnis der Verbundenheit und das Erlebnis der Umkehr hat, der ist anders.«

HO-SCHANG-GUNG sagt: »Das Ewige des *Dau* nicht kennen, ist abwegig, schafft übles Unheil und eine gerissene Spiegelfechterei, alsdann verliert man die göttliche Erleuchtung, darum ist's Unheil. Vermag man das an *Dau* zu erkennen, was ewig ist, dann vermag man die sinnlichen Begierden zu entlassen und hat nicht die Nichthegung des Allumfassenden. Hat man nicht die Nichthegung des Allumfassenden, dann ist man unparteiisch (dem Ich überlegen) und hat nichts Selbstisches: alles Verkehrte wird unterlassen.«

Das Wesen der Erleuchtung ist also: Erkenntnis des Ewigen, und ihre Wirkung ist: umfassend sein. Der umfassende Geist aber ist dem Ich überlegen und gerecht zu andern. Darum heißt es:

3. Umfassend, alsdann dem Ich überlegen,
Dem Ich überlegen, alsdann der Welt überlegen,

Der Welt überlegen, alsdann mit dem Himmel verbunden,
Mit dem Himmel verbunden, alsdann eins mit *Dau*.
Eins mit *Dau*, alsdann von Dauer –
Und untergehenden Leibes ist man nicht gefährdet.

Zu der Übersetzung insbesondere dieser letzten Zeilen des sechzehnten Kapitels müssen wir folgendes bemerken: In jeder Sprache sind die Bedeutungen, Nebenbedeutungen usw., die sich als Begriffskomplexe den einzelnen Wörtern verbinden, verschieden nach Art und Umfang. Bezeichnet man diesen Umfang bildhaft mit einem Kreis, so kommt bei den meisten chinesischen Wörtern der Kreis der verschiedenen Bedeutungen nicht mit dem Kreis des deutschen Wortes entsprechender Grundbedeutung zur Deckung, sondern die beiden Kreise decken sich nur teilweise. Es bleiben in beiden Sprachen – im Bild gesehen – außen Sichelmonde übrig, die das Wort entsprechender Grundbedeutung in der anderen Sprache nicht mitdecken. So trifft auch die oben angegebene deutsche Übersetzung nur einen Teil der im Chinesischen mitschwingenden Bedeutungen. Da die Totaldeckung der Übersetzung mit dem Original schlechterdings in vielen Fällen nicht zu erreichen ist, bleibt uns nichts anderes übrig, als die verschiedenen Bedeutungen, die das chinesische Wort hat und die hier mitschwingen, einzeln mit den im Deutschen entsprechenden Bedeutungen (die sich auch wieder nur zum Teil mit den chinesischen decken) aufzuzählen.
Das Wort *Gung*, das wir mit »dem Ich überlegen« wie-

dergeben, heißt seiner Grundbedeutung nach »allgemein«, weiter »öffentlich« und dann »amtlich«. Sein Gegensatz ist das Wort *Si* »privat«. *Si* bedeutet außerdem moralisch: »selbstisch« und so *Gung* das Gegenteil: »nicht selbstisch, gerecht, unparteiisch«. »Nicht selbstisch, gerecht sein« ist aber eine Form der Überlegenheit über das eigene Ich. Es ist die Grundeigenschaft eines Herrn. Da dies in dem Gedankenzusammenhang mit der nächsten Stufe bei LAU-DSI: *Wang,* »König, souverän, weltüberlegen«, die richtige Bedeutungsabwandlung wiederzugeben geeignet ist, so wählen wir in diesem Falle die Verdeutschung »überlegen dem Ich«. Da nun der Kaiser als Sohn und Mandatar des Himmelsgottes den Titel *Scheng-jën,* »der Heilige«, führte, so ist auch für den Mystiker dieser souveränen Geistesstufe anzusetzen, daß er im Sinne LAU-DSIs ein berufener »Heiliger« ist. Wie nun der Kaiser in der geistlichen Hierarchie des Weltalls als Priesterkönig der Erde und Heiliger die Eigenschaften seines himmlischen Vaters spiegeln soll, also dem Amte nach eine göttliche Person ist, also soll auch der Heilige weltüberlegenen Geist haben und auf der nächsten Stufe mit dem Himmelsgott die Vereinigung erleben. Das Wort *Tiën* bedeutet »Himmel, Himmelsgott«. Der Himmelsgott besitzt nach animistischer chinesischer Anschauung die sichtbare Gestalt des Firmamentes oder nach anderer, anthropomorpher Anschauung, die sich in der Schrift spiegelt, menschliche Gestalt: er wird als »erwachsener Mensch in Vorderansicht« mit »großem Kopf« oder »der Sonne als Kopf« geschrieben. Immer aber ist er metaphysischer Geist, und ihm wird also der souveräne oder heilige Mensch ähnlich. Von dieser Stufe des göttlichen Menschen aus aber ergibt sich als letzte Vollendung die Einswerdung mit dem mütterlichen Weltgrund, mit *Dau.* Darum heißt es im Chinesischen:

> Umfassend, alsdann *Gung* ›unparteiisch‹ d. h. ›dem Ich überlegen, gerecht und duldsam‹.
> Dem Ich überlegen, alsdann *Wang* ›König, königlich‹, d. h. ›souverän, der Welt überlegen, ein Heiliger‹.
> Der Welt überlegen, alsdann *Tiën* ›Himmelsgott, himmlisch‹, d. h. ›himmlischen Wesens, göttlich, mit dem Himmel verbunden‹.
> Mit dem Himmel verbunden, alsdann *Dau,* ›*Dauartig*‹, d. h. ›eins mit *Dau*‹.

Sind diese vier: *Gung, Wang, Tiën, Dau* geistiger Besitz und Habitus geworden, dann ist der also Begnadete von unzerstörbarer Dauer, d. h. er ist von metaphysischer Art; er stößt mit dem geistigen und sittlichen Weltgesetz nirgends zusammen und ist daher keinerlei Schaden in dieser oder jener Welt ausgesetzt. Das ist die Vollendung des Weges der Rückkehr zur Wurzel. Darum sagt HO-SCHANG-GUNG: »Ist *Gung* (die Unparteilichkeit und Ichüberlegenheit) richtig, dann kann man *Wang* (der Souverän) der Welt (also: weltüberlegen) sein. Kann man souverän sein und harmoniert *Dê* (Urkraft und Ethos – durch Heiligkeit –) mit der göttlichen Erleuchtung, dann kann man mit *Tiën,* dem Himmel, verbunden sein. Ist *Dê* mit dem Himmel verbunden, dann kann man eins werden mit *Dau.* Ist man eins geworden mit *Dau,* dann kann man lange dauern.

Dem Ich überlegen sein können,
souverän sein können,
verbunden sein mit dem Himmel,
einswerden mit *Dau* –

sind diese Vier in Wahrheit erlebt, so sind *Dau* und *Dê* (im Menschen) allumfassend (geworden). Gibt es (demgemäß) keine Vergeltung und keine Fehler (mehr), dann können alle Gefahren im Himmel und auf Erden einen nicht gefährden.«

Das also ist das große positive Erlebnis der »Leerheit«. Die ganze Stufenfolge künftiger Reifung und begnadeter Entwicklung wird in der Erfahrung der Leerheit als Berufung zu solchem von Ewigkeit durchleuchteten Leben erschaut. Das Ziel aber solchen Lebens, unseres ganzen Lebens, ist die Vereinigung mit *Dau*, die Verwurzelung in der göttlichen Ewigkeit.

LAU-DSI, der Vater der chinesischen Mystik, lehrt uns hier in knappsten Worten den gesamten Weg religiöser Entwicklung und Begnadung, der Reifung der menschlichen Seele und ihres Heils verstehen. Seine Charakterisierung der einzelnen Stufen entspricht in chinesischer Formulierung vielfach den Erfahrungen der Mystiker anderer Religionen und deren Lehren vom mystischen Weg oder von der Heilsordnung. Ich habe in meinem Buch ›Mysterium der Wandlung‹ früher eingehend vergleichend darauf hingewiesen[11]. Der Leser sei daher gebeten, dort über die formale Verwandtschaft und über den ähnlichen Sinn dieser Erfahrungen nachzusehen.

Gemäß dem Grundsatz, LAU-DSI soweit als möglich durch LAU-DSI zu erklären, halten wir uns bei der Darstellung seines Weges an seine Worte. Hierbei helfen, was betont sei, zunächst die chinesischen Kommentare, aber nur bis zu einem gewissen Grade, weil sie geistesgeschichtlich aus einer späteren Religionsschicht stammen und bar jeder ideen-geschichtlichen Kritik sind. Daher tragen sie ihre späten Anschauungen von der »menschlichen Natur«, vom »ursprünglichen Geist« usw. in die Erklärung des Textes hinein. Man muß also ihre Deutungen mit historisch-kritischer Vorsicht aufnehmen. Zweitens hilft der vergleichende Blick auf die anderen Religionen der Erde. Deren Lehren sind aber auch, um mich der Ausdrucksweise des späteren Buddhismus der chinesischen Meditationsrichtung zu bedienen, nur »Fingerzeige auf den Mond« der Wahrheit inmitten der Nacht von Welt, Geschichte und Leben. Der Mond aber »spiegelt sich« – die Seele erleuchtend – »im stillen Wasser« der Meditation. Die persönliche Erfahrung dessen, der die Worte LAU-DSIS hört, ist also von entscheidender Bedeutung. Nur sie dürfte letztlich ein kongeniales Verstehen möglich machen.

II. Stille

Dsing, die »Ruhe« oder »Stille«, ist die Folge der »Leerheit« und der Gegensatz zur »Bewegtheit«. Darum sagt LAU-DSI von den Vorbildern der Vergangenheit, bei denen Weisheit zu lernen ist:

> Der Vorzeit Treffliche, geworden zu Meistern,
> Waren fein, geheimnisvoll, dunkel, eindringend,
> Tief, nicht auszuloten…

Leer wie das Tal,
Trüb wie Schlammwasser –
Wer vermag das Schlammwasser zur Ruhe zu bringen,
So daß es allmählich klar wird?
(Kap. 15)

Die »Ruhe« oder »Stille« klärt uns das Ergebnis der »Leerheit«, nämlich das trübe Schlammwasser, d. h. die zunächst unverständliche geheime Weisheit, den Besitz der Meister und Vorbilder der Vergangenheit, zu verstehender Einsicht.

Der Bewegung Sieg ist die Erstarrung (durch Kälte wie im Herbst und Winter, wie in Alter und Tod),
Der Ruhe Sieg ist die Erwärmung (wie im Frühling oder Sommer, wie in Jugend und Reife).
Wissen um Klarheit und Ruhe
Ist das Richtige für die Welt.
(Kap. 45)

»Sieg« bedeutet nach HO-SCHANG-GUNG »Gipfel«. Wir folgen dieser Auslegung.

In der Natur folgt auf die Bewegung des zunehmenden Sonnenlichtes gerade an ihrem Gipfelpunkt, d. h. zur Sommersonnenwende, die Abnahme. Der Sieg der Bewegung führt zum Zurückgehen der Sonne, zu winterlicher Kälteerstarrung. Ist die Ruhe der Sonnentätigkeit aber auf ihren Gipfelpunkt gelangt, zur Wintersonnenwende, so erfolgt die Wiedergeburt der Sonne und damit zunehmende Erwärmung und blühendes Leben. Ebenso führt die Bewegung der Seele, wenn sie ihre äußerste Stärke erreicht hat, zum Sichverausgaben und damit zum Erkalten des Inneren und Absterben der Seelenkräfte. Bewegung geht nach außen und will alles organisieren. Organisches Wachstum aber gedeiht nur in der Stille. Ruhe und Stille der Seele führen zur Zunahme des Lichtes, zu lebensvoller Wärme und Reife. Darum ist »Wissen um Klarheit und Stille das Richtige für die Welt«.

Der Zustand des Stillewerdens des Menschen hat also den positiven Inhalt, daß in ihm alles sich fördersam entwickelt. Es ist der Zustand der Erweckung des geistigen und sittlichen Fortschrittes der Seele. »Ruhe« oder »Stille« ist eine große Macht.

> Das Gewichtige ist des Leichten Wurzel,
> Das Ruhige des Unruhigen Herr.
> *(Kap. 26)*

> Das Weibliche siegt stets durch Stillehalten über das Männliche,
> Indem es sich durch Stillehalten unten hält.
> *(Kap. 61)*

Durch Ruhe und Stille im öffentlichen Leben würde die Seele des Volkes sich verinnerlichen und reifen, die Welt käme in Ordnung. LAU-DSI getraute sich dies zu bewirken, wenn er selber um Rat gefragt oder ihm die Leitung der Öffentlichkeit anvertraut wäre:

> *Dau* (die Führung des Weltalls) ist stets ohne Tun,

Und doch gibt es nichts, was sie nicht täte.
Wenn Fürsten und Könige sie zu wahren vermöchten,
Würden die zehntausend Wesen von selbst sich gestalten.
Träten bei der Gestaltung Leidenschaften hervor,
Ich würde sie unterdrücken durch das Rohholzsein des Unbenennbaren.
Das Rohholzsein des Unbenennbaren wird auch das Nichtbegehren bewirken.
Nichtbegehren bewirkt Stille, –
Und die Welt wird von selber recht.
(Kap. 37)

Je mehr Gesetze und Verordnungen erlassen werden,
Desto mehr Diebe und Räuber wird es geben.
Daher hat ein Berufener gesagt:
Ich bin ohne Handeln,
Und das Volk wandelt sich von selbst.
Ich liebe die Stille,
Und das Volk wird von selber recht.
Ich bin ungeschäftig,
Und das Volk wird von selber reich.
Ich bin ohne Begierde,
Und das Volk wird von selber zum Rohholz.
(Kap. 57)

1. In dieser Ruhe der Seele fallen das Unruhige des Geschehens in der Menschenwelt und die Bewegungen in der Natur besonders eindringlich auf. Die Vorgänge in der Natur mit ihrem Wechsel von Ruhe und Bewegung

sind, wie wir in dem grundlegenden Spruch 16 hörten, beispielhaft für die Vorgänge der Seele. Beide unterliegen ja dem Wirken des *Dau*.

> Der Bewegung Sieg ist die Erstarrung,
> Der Ruhe Sieg ist die Erwärmung.
> *(Kap. 45)*

Die Stadien des Kreislaufes in der Natur, die auf Wirkung und Gegenwirkung zweier entgegengesetzter Zustände der einen Kraft des Lichtes und der Wärme beruhen – Ruhe und Bewegung –, werden auch in diesem Spruche deutlich.

In der »Stille« erschließt sich der Seele LAU-DSIS die Bedeutung dieses gestuften Kreislaufes. Er erkennt im Abschreiten des Kreises den Weg des *Dau* und versteht dies zugleich als Mahnung, von der Kraft des *Dau* erfüllt, dem Vorbild der mütterlichen Führung des Alls zu folgen:

> *Dau* (die Führung der Welt) gebiert, und ihre Kraft ernährt (in Frühling und Kindheit),
> Sie läßt dann wachsen und pflegt (in Sommer und Jugend),
> Sie vollendet und reift (in Herbst und Lebensmitte),
> Sie bedeckt und schirmt (in Winter und Alter). –
> Hervorbringen, aber nicht behalten,
> Wirken, aber nicht darauf Wert legen,
> Großziehen, aber nicht beherrschen,
> Das ist die mystische Urkraft.
> *(Kap. 51)*

Die Stufenfolge der Reifung im Kreislauf des Lebens wird für LAU-DSI sinnvoll als der Gang des *Dau* durch die Natur und seine eigene Seele. Kindheit, Jugend, Lebensmitte und Alter erhalten ihren Sinn als Vollendung eines Kreises, den die Große Göttin-Mutter selbst abschreitet. Diesen vier Lebensabschnitten entsprechen für den Verstehenden geistige Reifungszustände in einer von *Dau* selber vorbestimmten Stufenfolge. Wir mögen sie mit dem sechzehnten Spruch als »Rückkehr zur Wurzel, Erkenntnis der Ewigkeit, Souveränität und Einswerdung mit *Dau*« bezeichnen.
Die Einsicht in diese Stufenfolge des Kreislaufes als Weltgesetz und Heilsordnung ist die erste der wesentlichen Erfahrungen im Zustand der »Stille«. Dies gerade hat der sechzehnte Spruch auch ausgeführt in den Worten:

> Wahre der Stille Stete!
> Entstehen die zehntausend Wesen auch allesamt,
> Wir sehen an ihnen, wie sie umkehren.
> Von all den Wesen in ihrer Unzahl
> Kehrt ein jedes wieder zu seiner Wurzel zurück.
> Rückkehr zur Wurzel meint Stille.
> Stille meint Erfüllung der Bestimmung.
> *(Kap. 16)*

2. Wir hatten schon im vorigen Abschnitt über die »Leerheit« gesehen, wie der Kommentar zum grundlegenden Verständnis dieser Zeilen auf den Kreislauf des Lichtes und des Lebens von der Mitternachtsstunde des Jahres über die Sommersonnenwende bis zur Wiedergeburt zur Vollmitternacht des Jahres hinweist. Dies ist, wie die obigen Zeilen deutlich sagen, das entscheidende

Erlebnis, das in der Stille sich vollzieht. Wenn man nun die letzten Zeilen von Kapitel 16 über die »Rückkehr zur Wurzel« als »Erfüllung der Bestimmung« zusammensieht mit den Worten des Kapitels 51 über den Kreislauf des Wirkens von *Dau*, so ergibt sich als zweite Erkenntnis, daß die Führung des Weltganzen es selber ist, die diese Bestimmung uns mitgegeben hat.

Dabei ist ein weiterer Bedeutungsaspekt, den der Begriff der »Wurzel« bei LAU-DSI hat, zu beachten. »Wurzel« ist nicht nur die Grundlage schlechthin wie in den Worten: »Das Gewichtige ist des Leichten Wurzel« (Kap. 26), sondern sie meint insbesondere diejenige Grundlage, von der wir durch Abstammung unser Bestes mitbekommen haben. Ein Stück ist von ihr auf uns übergegangen. Darum heißt es von *Dau:*

> Der dunklen Urmutter Schoß,
> Das ist die *Wurzel* des Himmels(gottes)
> und der (Göttin der) Erde.
> *(Kap. 6)*

Und:

> Wer die Mutter des Landes (nämlich *Dau*) besitzt,
> Der mag wohl ewig dauern.
> Sie ist die tiefe *Wurzel* und der feste Stamm,
> Die Führerin zu ewigem Leben und dauernder Schau.
> *(Kap. 59)*

»Rückkehr zur Wurzel« ist also Rückkehr zu unserer Mutter, dem göttlichen Ursprung, dem wir entsprossen sind. So stehen wir also göttlicher Bestimmung gemäß als Glieder in einem universalen Zusammenhang, in einer unsichtbaren goldenen Kette der Lebenskräfte, die von *Dau* als der Wurzel allen Geschehens ausgeht und alles Entstandene mit seinem Ursprung verbindet, von dem alles Seiende seine Lebenskraft erhält und in dessen Schoß es bestimmungsgemäß zurückkehrt.

3. Als dritte Erkenntnis im Zustand der »Stille« ergibt sich die Einsicht in die Bewegung des Lichtes in ihrem Wechsel mit der Ruhe des Lichtes und damit das Verständnis des Kreislaufes als Ergebnis zweier im Weltganzen mit- und gegeneinander wirkender Kräfte. Sie sind ebenso draußen wie in uns wirksam. Sie gehen zurück auf die metaphysischen Wesenheiten, die *Dau* als erste geboren hat, auf den Gegensatz des Himmlischen und Irdischen, der sich in uns als Gegensatz von *Yang* und *Yin* spiegelt. Darum sagt LAU-DSI:

> *Dau* bringt die Einheit hervor (*Dê*, die Urkraft),
> Die Einheit bringt die zwei hervor (Himmelsvater und Erdmutter),
> Die Zwei bringen das Dritte hervor (den vereinigenden, zeugenden Lebensodem),
> Die Drei bringen die zehntausend Wesen hervor.
> Die zehntausend Wesen tragen daher rückwärts das *Yin* (das Dunkle, das Erbteil der Erde)
> Und hegen vor sich das *Yang* (das Helle, als Erbteil des Himmels),

Der verströmende Lebensodem bewirkt die Vereinigung beider.
(Kap. 42)

Es ist das einzige Mal, daß LAU-DSI die beiden Kräfte erwähnt, die in Wirkung und Gegenwirkung das ganze Getriebe des Weltalls in Ordnung halten. Deswegen nennt man sie chinesisch auch »die beiden Ordner«. Er ist dabei von den uralten Anschauungen der chinesischen Medizin über den Körperbau ebenso beeinflußt wie von der von ihr zum Teil abhängigen Meditationsüberlieferung. Am Rückgrat entlang läuft der Strom der dunklen *Yin*-Kraft abwärts; auf der Vorderseite steigt die *Yang*-Kraft aufwärts. In der Frau waltet die empfangende Kraft des *Yin* vor, im Mann die schöpferische des *Yang*. Ihre Vereinigung bedeutet neues Leben, denn sie ist eine neue Hochzeit von Himmel und Erde. Aber abgesehen davon hat jeder Mensch beide Urkräfte in sich. Durch Wirkung und Gegenwirkung entsteht auch in ihm eine neue geistige Schöpfung, wenn er nämlich die Kräfte umkehren läßt und sie zu vereinigen versteht, statt sie nach außen zu verschwenden. Doch gehört diese Haltung schon einer anderen Stufe an. Im Zustand der »Stille« haben wir es zunächst nur mit der Erkenntnis der Wirksamkeit, nicht der gegenseitigen Befruchtung von *Yin* und *Yang* zu tun, und zwar der Erkenntnis der beiden Kräfte gerade in uns. *Yin* und *Yang* zum wichtigsten Schlüssel für die Erschließung des Weltganzen zu machen, wie es im dritten Jahrhundert v. Chr. die dauistische *Yin-Yang*-Philosophie tat – vielleicht unter dem Einfluß von iranischen Wanderideen –, liegt LAU-DSI noch fern. Himmel und Erde, statt *Yang* und *Yin,* sind ihm noch die das All bewegenden

Kräfte, aber diese entstammen der obersten Einheit, der Großen Mutter *Dau.*
Wohl mag er in der Überlieferung der Eremitengemeinschaften, der Schamanenpriester und vielleicht auch in der Kunde von der Weisheit der alten Ju-Priester der vorangegangenen Dynastie die Kenntnis der Kräfte und ihre Verwendung in der Seelenentwicklung kennengelernt haben, und wohl auch ihre Vereinigung zu einem Kreislauf des Lichtes und Feuers des Lebensodems. Darauf weisen uns auch andere Sprüche hin. Wir begnügen uns zunächst, für den Zustand der »Stille« den Einfluß von *Yin* und *Yang* hervorzuheben, den sie durch ihr Spiel von Wirkung und Gegenwirkung des Schöpferischen und Empfangenden auf den menschlichen Körper ausüben. Gleiche Bedeutung haben sie aber als Erbe des göttlichen Elternpaares für den menschlichen Geist, wo sie als Bewußt und Unbewußt einander gegenübertreten. Dabei gilt beim Mann der bewußte Geist als wesentlich männlich *(Yang),* die unbewußte Körperseele als wesentlich weiblich *(Yin),* bei der Frau meist umgekehrt. Auf diesen Gegensatz muß der Mensch im Zustand der »Stille« ebenfalls mit Sicherheit stoßen. Wer mit KONFUZIUS den Weg nach außen geht, begegnet zwar dieser Polarität in Welt und Geschichte auch überall, aber nicht im eigenen Geiste und im offenbaren Zusammenhang mit dem Kreislauf von Natur und Leben und damit auch nicht im Zusammenhang mit dem führenden Urgrund des Weltalles: mit *Dau.*
Wer nun aber diesen Weg des LAU-DSI antritt, nach innen geht – im Gegensatz zu KONFUZIUS – und erst Verwandlung erleben will oder – irgendwie vom Schicksal geführt – erleben muß, der begegnet als erstem der einen

der beiden objektiven kosmischen Größen, dem *Yang*[12], d. h. dem Schöpferischen, in sich, und diesem zunächst in seiner geschichtlichen Erscheinung, dem Schatten der historischen Erbmasse der Ahnen. Die Ahnen, die in uns fortleben, sind die Vertreter einer älteren Menschheitsstufe. Sie hatten in vieler Hinsicht, z. B. in sittlicher, nicht die gleichen Anschauungen wie wir, aber sie waren Kulturschöpfer und schätzten Anschauung mehr als Vorstellungen, Weisheit höher als Wissen. Auf diese Schicht aus dem Reich der Schatten stoßen wir zunächst, wenn wir den Weg in unser eigenes Innere antreten. Der Gang zu dieser Begegnung ist der richtige Weg des einzelnen, der durch die Katastrophen des Lebens schreitet, und der richtige Weg eines ganzen Zeitalters, eines Volkes, das durch Katastrophen schreitet, wie damals das chinesische beim Zerfall des Heiligen Reiches. Da besinnt sich der Mensch, besinnt sich ein ganzes Volk auf seine historischen Ahnen und geht zu ihnen zurück; und es geht damit den heilbringenden Weg, denn es muß sich ja erst selber kennenlernen und um die eigenen, tiefen Kräfte seines schöpferischen Wesens wissen, damit ein Wiederaufstieg möglich ist. Infolgedessen kommt es hier zu einer Regression zu den Ahnen, zum ursprünglichen, »primitiven« Menschen in uns – eine Stufe, die gefährlich, aber voll von schöpferischen Möglichkeiten ist. Über den Wert der Zuwendung zu den Ahnen sagt nun LAU-DSI in Verehrung der alten Meister der Vorzeit, wie wir schon hörten:

> Der Vorzeit Treffliche, geworden zu Meistern,
> Waren fein, wunderbar, dunkel, eindringend,
> Tief, nicht auszuloten[13].

Eben weil nicht auszuloten,
Darum kann ich nur mit Mühe herstellen ihre Haltung.
Vorsichtig waren sie, wie wer im Winter den Fluß durchwatet,
Scheu, wie wer fürchtet auf den vier Seiten Nachbarn,
Zurückhaltend wie Gäste,
Zergehend wie Eis, das schmelzen will,
Schlicht wie Rohholz[14],
Leer wie das Tal,
Undurchsichtig wie Schlammwasser.
(Kap. 15)

Die Weisheit dieser alten Meister ist als Tiefe zugleich ebenso dunkel wie lichtvoll – genau wie die eigene Tiefe des Menschen –, und deswegen ist diese Weisheit schwer zu verstehen, zu erfassen, nicht auszusagen:

Hören hohe Meister vom *Dau,*
Werden sie angeregt und handeln danach,
Hören mittlere Meister vom *Dau,*
So bewahren sie es bald, bald verlieren[15] sie es,
Hören niedere Meister vom *Dau,*
So lachen sie gewaltig darüber.
Würden sie nicht lachen,
So wäre es noch nicht als *Dau* zu betrachten.
(Kap. 41)

In dieser Weisheit der alten Meister fühlt sich LAU-DSI zu Hause, er weiß sich als einer der ihren und stellt sich in ihre Reihe. Wer aber diesen Gang zu den Ahnen antritt, verfällt der Gefahr, sich mit ihnen völlig zu identifizieren und zu vergessen, in welchem Jahrhundert er lebt. Er lebt doch nicht zur gleichen Zeit wie diese alten Meister, er hat vielmehr die Aufgaben der Stunde, des Tages in einer ganz anders gearteten Umwelt zu erfüllen. Die Gefahr der Identifizierung, der wohl keiner zunächst entgeht, der diese Stufe betritt, und kein Zeitalter und keine Nation, die diese Stufe betreten –, die Gefahr ist die Wiederherstellung des früheren Zustandes in seiner altertümlichen, kindlichen Primitivität. So geht es auch LAU-DSI. Als Ausdruck einer solchen Periode seiner inneren Erfahrung können folgende Worte gelten:

Klein sei das Land;
Wenig die Leute!
Laß sie haben für zehn bis hundert Mann
Geräte –
Aber ohne sie zu gebrauchen.
Laß das Volk den Tod schwer nehmen
Und nicht weit reisen.
Wenn es (das Volk) auch Schiffe und Wagen hat,
So gibt's doch keinen Grund, damit zu fahren.
Wenn es auch Panzer und Waffen hat,
So gibt's doch keinen Grund, sie zu enfalten.
Laß das Volk wieder Knotenschrift knüpfen und die gebrauchen.
Sie werden ihre Speise süß finden,
Ihre Kleidung schön finden,
Mit ihrer Wohnung zufrieden sein
Und fröhlich ihre Bräuche begehen.
Benachbarte Dörfer mögen einander sehen,
Der Hähne und Hunde Laut mag man gegenseitig hören,

Und doch sollten die Leute Alter und Tod erreichen,
Ohne je hin und her gereist zu sein.
(Kap. 80)

Hier drückt sich jene Stimmung aus, in der die Regression zu den Ahnen unter der Übermacht der Tradition steht. Und er sagt weiter in Anlehnung an die alten Methoden der Herrschaft:

Die im Altertum gut das *Dau* übten,
Erleuchteten das Volk nicht damit,
Sie wollten es auf diese Weise in Einfalt halten.
Daß das Volk schwer zu regieren ist,
Kommt durch sein zuviel Wissen.
Mit Wissen (des Volkes) das Land regieren,
Ist Raub am Land,
Mit Nichtwissen (des Volkes) das Land regieren,
Ist Segen fürs Land.
(Kap. 65)

Hier sprechen zugleich die Staatskunst und das Selbstbewußtsein der altchinesischen Herrenschicht, durch die seit Jahrhunderten das Land regiert wurde. Vielleicht klingt auch die Erbweisheit der ehemals einflußreichen Schicht der Ju-Priester der untergegangenen Schang-Dynastie nach. Es wurde zwischen Führung und Masse unterschieden. Die Masse wurde nicht gefragt, blieb »Kleine Leute« *(Siau-jën)*, war nicht Gefolgschaft[16]. Es herrschte die Auffassung, daß die Masse sich nicht selbst regieren kann, sondern daß immer eine führende Schicht erforderlich ist und daß in dieser Führung die Aufgabe und Pflicht des erleuchteten Menschen besteht. Aber auch diese Begegnung mit den Ahnen wird durchschaut. Die Identifizierung mit der Vorzeit fällt dahin. Man sieht, daß man nicht vor Jahrhunderten oder Jahrtausenden lebt. Aber das Wertvolle wird behalten, die Weisheit der Berufenen der Vorzeit und ihre Kunde von der Wurzel alles Geschehens, von *Dau*.

So kommt es notwendigerweise zur Erkenntnis, daß einerseits auch die großen Männer der geschichtlichen Überlieferungen vom metaphysischen Schöpfertum getragen sind und daß man andererseits selber den Sinn des Ganzen von neuem schöpferisch zu verwirklichen hat. Das *Yang* in historischer Gestalt, als Träger der Männer, die Geschichte gemacht haben, ist erlebt und durchschaut. Aber das *Yang* als metaphysische Substanz, etwa als Himmelsgott *(Tiën)*, tritt bei LAU-DSI nicht beherrschend hervor, da über Himmelsgott und Erdgöttin noch das *Dau* als Urmutter, also ein Weibliches, steht. »Unbenennbar ist des Himmels und der Erde Gebärerin« (Kap. 1). »Ich weiß nicht, wessen Kind sie ist. Sie ist, scheint es, des Herrgotts (oder: der Götter) Vorfahrin« (Kap. 4). So tritt die Möglichkeit, den Urgrund der Welt als männliches *Yang* zu erfassen, hinter dem weiblichen *Yin* zurück. Damit aber tritt auch zugleich das *Yang* der eigenen Persönlichkeit vorläufig zurück. Erst nach Erleben des *Dau* als Göttin-Mutter ergibt sich auf höheren Stufen ein übergegensätzliches Drittes über *Yin* und *Yang*, und zwar sowohl als das Eine im Kosmos, so daß das *Dau* auch überpersönlich wird, wie auch als dessen Verwirklichung in demjenigen Menschen, der als »Heiliger« oder »Berufener« vom übergegensätzlichen Ewigen erfüllt ist.

LAU-DSI hat aus der Begegnung mit dem *Yang* die Kraft geschöpft weiterzugehen, eine Stufe tiefer zu gehen zum »Leben« selbst, zum weiblichen Schoße des Lebens, zum *Yin*. Dies vollzieht sich grundsätzlich in drei Bereichen, nämlich als Begegnung im Subjekt, d. h. als Erkenntnis der Anima, der weiblich bestimmten Seele in einem selbst, und in den zwei Objektbereichen, nämlich metaphysisch als Erfahren des »Ewig-Weiblichen« und geschichtlich als konkrete Begegnung mit der Frau.

Die Begegnung mit dem metaphysischen *Yin* ist für LAU-DSI das Finden der Großen Göttin-Mutter, d. h. des Ewig-Weiblichen, der Weisheit und der Güte des Absoluten. Hier liegt eine uralte Tradition vor – vielleicht aus bestimmten Stämmen, denn LAU-DSI spricht, wie gesagt, einen vielfach mit Fremdworten gemischten Dialekt (wir finden bei ihm – worauf schon EDUARD ERKES aufmerksam gemacht hat[17] – eine ganze Reihe von Wörtern aus der Tai-Sprache des Tschu-Stammes). Aus dieser alten Tradition wohl stammt die Idee der Großen Göttin-Mutter, ursprünglich wohl gedacht als »dunkle Tiergöttin«, in einer Zeit als die Götter noch Tiere waren. Da aber der Ausdruck für das »Tierweibchen« bei LAU-DSI an allen sonstigen Stellen einfach »das Weibliche« schlechthin im Gegensatz zum »Männlichen« bedeutet, so scheint mir (entgegen meinen früheren Anschauungen) die alte Bedeutung einer Tiergöttin (die nur durch den archäologischen Befund und die Reste von Mythen und Märchen vom Rind zu belegen ist) für LAU-DSI nicht mehr durchzuklingen. Erwähnt sei immerhin, daß der Spruch sehr alt sein dürfte, er wird von LIE-DSI dem mythischen Kaiser HUANG-DI zugeschrieben.

Im *Dau* ist das Weltganze in Urbildern, Urformen und Urkeimen vorgebildet:

Die Gottheit des Quelltals stirbt nicht,
Sie heißt die dunkle Urmutter.
Der dunklen Urmutter Schoß,
Die heißt Himmels und der Erde Wurzel.
Gleich endlosem Faden[18] wohl verharrt sie (die Göttin)
Und wirkt[19] ohne Mühe.
(Kap. 6)

Das *Dau* des Weltalls ist also, wenn dieser Spruch richtig verstanden wird, die geheimnisvolle Göttin-Mutter in der Gestalt jener »dunklen Urmutter« der Überlieferung.

Dau (die führende Große Göttin), wenn aussprechbar,
Ist nicht das ewige *Dau* (die ewige Führerin).
Ihr Name, der nennbar,
Ist nicht der ewige Name.
Als Unbenennbare ist sie des Himmels und der Erde Gebärerin[20],
Als Unbenennbare ist sie der Zehntausend Wesen Mutter.
(Kap. 1)

Hier begegnet LAU-DSI in tiefer Verehrung der Großen Göttin-Mutter. Bei ihr findet er Hilfe, Trost, Schutz und Heimkehr. Ihr entstammt das Leben, zu ihr kehrt das Leben im Tode zurück. *Dau*, der mütterliche Urgrund des Weltganzen, ist als Gebärerin von Himmel und Erde jenseits und zugleich als Mutter aller Dinge der Welt innewohnend, daher unbenennbar und zugleich benennbar. Sie umspannt Nichtsein und Sein, sie ist unfaßbar, unsagbar, und doch ist sie im eigenen Seelengrunde erkennbar:

Es gibt ein Wesen, im Unfaßbaren entstanden,
Ehe Himmel und Erde wurden,
So still und körperlos!
Allein steht es und ändert sich nicht.
Den Kreis rings schreitet es ab und wird
nicht gefährdet.
Man kann es ansehn als die Mutter der Welt.
Nicht wissend ihren Namen bezeichne ich sie
als *Dau*.
(Kap. 25)

In anderen Sprüchen beschreibt er den Rückgang des sterbenden Menschen zu ihr: nach dem Tode sinkt der von ihr begnadete Mensch in die Arme der Göttin-Mutter, in das *Dau* zurück.

So sind LAU-DSI am Nachthimmel seiner Seele leuchtende Gestirne aufgegangen: Die weisen Männer der Vorzeit als Sterne und der volle Mond der Wahrheit als *Dau*, die Sterne als Träger des *Yang*, der Mond als das große *Yin*. Im Zusammenspiel der beiden ertönt ihm die Sphärenharmonie, die kontrapunktisch seine eigene Lebensmelodie begleitet und ihn den Kreislauf allen Lebens und allen Lichtes in der Natur und im eigenen Leben beseligt verstehen läßt.

4. Aus dem Erlebnis dieser nächtlichen Stille entspringt aber auch ein neues Ethos, das dem landläufigen Moral-

kodex an Sinnerfülltheit und Hoheit weit überlegen ist. Die Stille ist zugleich Erwachen, Erweckung zu einem ganz anderen, von der Urkraft des *Dau* durchströmten Leben.
Wie *Dau* den Kreislauf der Natur und des Menschenlebens selbstlos spendend abschreitet, so schreitet auch der Mensch, wenn er von *Dê*, der Kraft des *Dau,* erfüllt ist, selbstlos alles fördernd seinen Umkreis ab:

Hervorbringen, aber nicht behalten,
Wirken, aber nicht darauf Wert legen,
Großziehen, aber nicht beherrschen,
Das ist die mystische Urkraft.
(Kap. 51)

Wenn ich wirklich das Verstehen habe,
Zu wandeln im großen *Dau* (in der großen Führung des Alls),
So ist es nur die Geschäftigkeit, die ich fürchte.
(Kap. 53)

Denn *Dau* wirkt durch »Nichttun«, wirkt allein durch Ausstrahlen seines Seins, und doch gibt es nichts, das es nicht täte. Aus dieser unsichtbaren Art des Wirkens ergibt sich ein Ethos, das ganz anders ist als das unter Menschen gemeinhin übliche:

Der Welt Schmiegsamstes
Überrennt der Welt Härtestes,
Das Nichtseiende dringt ins Zwischenraumlose ein.
Daraus erkenne ich den Vorteil des Nichthandelns,

Des Nichtredens Lehre!
Des Nichthandelns Vorzug –
Wie wenige in der Welt erreichen das!
(Kap. 43)

Tut das Nichttun,
Beschäftigt euch mit Nichtbeschäftigung,
Genießt das Nichtgenießen!
Macht Großes aus Kleinem,
Macht Viel aus Wenig!
Begegnet dem Haß durch Urkräftigsein *(Dê)*.
(Kap. 63)

Von *Dê*, dieser Urkraft des *Dau*, erfüllt, wirkt der Mensch gleich seinem Vorbild, dem *Dau*, denn:

Der weiten Urkraft Inhalt
Ist die Nachfolge des *Dau*.
(Kap. 21)

Und so wird er selber zum Vorbild:

Immer verstehen, Muster und Vorbild zu sein,
Das heißt mystische Urkraft *(Dê)*.
Mystische Urkraft ist abgründig, ist weitreichend!
Ist anders als die Wesen,
Aber darum trifft sie auf große Nachfolge!
(Kap. 65)

In diesem hochgemuten Ethos wirkt sich das Erlebnis der Weisheit der Vorzeit und die Ergriffenheit durch das große *Dau* in der Stille der Seele aus und erfüllt sie mit der Stärke der göttlichen Urkraft. Diese erweckt ein neues sittliches Pathos, das eine sittlichere Ordnung der Menschenwelt schaffen will:

›Verkrüppelt wird heil,
Krumm wird gerade,
Leer wird voll,
Verschlissen wird neu,
Geringer Besitz soll bekommen,
Großer Besitz soll erschrecken!‹
Darum der Berufene:
Er hegt die höchste Einheit
Und wird der Welt Vorbild.
Er zeigt sich nicht, daher sein Licht,
Er stellt sich nicht dar, daher sein Glanz,
Er streitet nicht für sich, daher sein Erfolg,
Er prahlt nicht mit sich, daher seine Größe.
Eben weil er nicht streitet,
Kann keiner in der Welt mit ihm streiten.
Der alte Spruch:
›Verkrüppelt wird heil!‹
Wären das leere Worte?
Nein, wahrlich, heil soll alles werden
und wieder hergestellt!
(Kap. 22)

III. Erfüllung der Bestimmung

1. Allein dies hochgemute Ethos, das zudem noch durch die alte Prophezeiung: »Verkrüppelt wird heil!« gestärkt wird, stößt in dieser Welt auf schärfste Gegensätze. In der »Stille« der Seele, aus der der Mystiker in diese Welt zurückkehrt, schwingen zwar die großen Polaritäten des Alls, das Himmlische und das Irdische, das *Yang* und das *Yin*, in einer großen Harmonie, und ihre Bewegungen zueinander sind wie die Bahnen der Gestirne, die im Kreislauf der Zeiten wiederkehrend vom lebendigen Atem des großen Einen getragen werden. In der Atomisierung der vielfältigen Welt der Erscheinungen aber herrscht überall der Gegensatz, und die Gesamtschau der übergegensätzlichen ursprünglichen Einheit ist da verborgen, ja verloren.

> Erkennen alle in der Welt das Schöne als schön,
> So ist damit auch das Häßliche gesetzt.
> Erkennen alle in der Welt das Gute als gut,
> So ist damit auch das Schlechte gesetzt.
> *(Kap. 2)*

Doch diese Gegensätze bedingen einander. Darum fährt LAU-DSI fort:

> Sein und Nichtsein erzeugen einander,
> Schwierig und Leicht gestalten einander,
> Lang und Kurz formen einander,
> Hoch und Nieder verkehren einander,
> Stimme und Klangspiel passen zueinander.

Vor und Nach folgen auseinander.
(Kap. 2)

Aus dieser Einsicht der gegenseitigen Bedingtheit der Wertsetzungen ergibt sich das Leitmotiv für den Berufenen:

Darum der Heilige:
Er verweilt bei nichtgeschäftigem Tun,
Übt wortlose Lehre.
Alle Wesen treten heran, und er entzieht
sich nicht.
Er schafft und behält nicht,
Er handelt und legt keinen Wert darauf.
Ist Verdienstliches vollbracht,
So verweilt er nicht dabei:
Eben weil er nicht dabei verweilt,
Darum verläßt es ihn nicht.
(Kap. 2)

Die Gegensätzlichkeit der Welt also durchschaut der Berufene, und mit dieser Einsicht zieht er sich auf einen höheren Standpunkt zurück, von dem aus er von Gegensätzen unberührt selbstlos wird. Damit eröffnet sich nun die ganze Tragik menschlicher Weisheit. Der Weise schlägt zwar die Brücke zu den Menschen, aber die Menschen können ihn nicht verstehen, da sie nicht seinen Standpunkt einzunehmen und so die Einheit der Gegensätze in *Dau* zu begreifen in der Lage sind. LAU-DSI klagt über den Unverstand der Menschen:

Bei Musik oder Leckereien
Hält der vorüberziehende Fremdling an.
Ist aber die Rede von *Dau*, so heißt es:
›Wie fade! Das ist ja geschmacklos!‹ –
Beim Schauen ist es nicht genug mit Sehen,
Beim Lauschen ist es nicht genug mit Hören,
Beim Anwenden kann man nicht zu Ende
kommen.
(Kap. 35)

Unverstanden fühlt LAU-DSI seine Einsamkeit. Die Worte der Propheten sind noch niemals bei der Menge auf fruchtbaren Boden gefallen!

Meine Worte sind sehr leicht zu verstehen
Und sehr leicht auszuführen.
Und doch vermag keiner in der Welt sie zu
verstehen,
Und keiner vermag sie auszuführen.
Mein Wort hat einen Urahn (nämlich *Dau*),
Mein Dienst hat einen Herrn (nämlich *Dê*),
Eben weil man die nicht versteht,
Versteht man mich nicht.
Die mich verstehen, sind selten,
Darauf beruht mein Wert.
Darum der Heilige:
Er trägt ein härenes Gewand
Und birgt im Busen sein Jade-Juwel.
(Kap. 70)

Diese Erbitterung und trostlose Vereinsamung, die scheinbare Aussichtslosigkeit seiner Berufung und seiner

Wirkung auf die Menschen ist erschütternd. Und doch hat er sich getäuscht. Es ist ihm wie allen Propheten ergangen. Ihre Wirkung beginnt erst nach ihrem Tode, aber wächst lawinengleich durch die Jahrhunderte an. Sein Trost ist die Zuflucht zu dem religiösen Besitz, den er in sich trägt. Nach außen unscheinbar, im Innern ein Juwel! Es ist aus Jade. Jade ist der sakrale Stein bei den Opfergaben. Das Firmament des Himmels besteht nach dem ›Buch der Wandlungen‹ aus Jade. Jade ist also der himmlische Stein. Zugleich ist Jade wegen seiner Weichheit der Gegensatz zum harten Gold und gehört daher zum *Yin*-Element, also zur himmlischen Mutter.

2. Doch ist das Gefühl, anders zu sein als die andern, den Menschen unverständlich zu erscheinen und seine Sendung als Prophet nicht erfüllen zu können, so mächtig, daß die Wendung zur Stille und Ruhe in die Mortifikation führt. Es ist die Traurigkeit über die Unvollkommenheit des menschlichen Wesens und die Unvollendbarkeit der Welt, an der er ja selber teilhat. Er kommt sich selber als »unnütz«, »wie ein Tölpel« vor. Es ist die große Melancholie, hervorgerufen durch die scheinbare Sinnlosigkeit der eigenen Sendung und der menschlichen Natur und menschlicher Institutionen. Aber gerade diese Todestraurigkeit ist die Läuterung des Menschen; sie allein macht ihn der Erleuchtung fähig und für das Mannesalter des Geistes reif. Diesen Zustand nennt die mittelalterliche chinesische Mystik mit dem Patriarchen LÜ DUNG-BIN »das Sterben des natürlichen Menschen«. Zu dieser Auffassung, daß Stille zum Sterben des unreifen, jungen Menschen führt, leiten uns auch die Worte LAUDSIS, daß alle Wesen alternd und sterbend wieder zu ih-

rer Wurzel zurückkehren. Einkehr zur Wurzel aber meint Stille, die Stille des Todes. Diese Stille aber meint Erfüllung der Bestimmung (Kap. 16). Das geistliche Sterben ist eine Wirkung der Stille, nämlich der Stille der Seele. In dieser ist der Mensch der Verstrickung in die Welt abgestorben und dem Ewigen geöffnet. Darum ist für die Seele des lebendigen Menschen Stille die Erfüllung der Bestimmung. In ihr findet er zu *Dau,* dem mütterlichen Urgrund der Welt, zurück und versteht den Kreislauf des Lebens und des Geistes. Dieser Kreis entspringt der Einheit, geht durch die Entfaltung und mündet in die Wiederentdeckung und Wiedergewinnung der Einheit, von der er ausgegangen ist, in DAU.

> Die Verehrung des *Dau* und die Hochschätzung ihrer Kraft
> Geschieht aber auf niemandes Bestimmung hin,
> Sondern ist immer spontan.
> *(Kap. 51)*

Denn es ist das Erbteil des göttlichen Ursprungs, das sich in uns regt und den Menschen der Großen Mutter, dem *Yin,* begegnen läßt. Aber er begegnet nicht nur dem *Yin* als Transzendent-Weiblichem, als einer göttlichen Güte, die aus dem Grund der Welt dem Menschen entgegenströmt und ihn erlöst, sondern er begegnet auch der Inkarnation dieser Seite des Weltgrundes im anderen Menschen. Es gibt einen einzigen Spruch, in dem diese Große Mutter nicht als »Mutter von Himmel und Erde« bezeichnet ist oder als »Mutter des Landes« oder »der Welt (unter dem Himmel)«, sondern nur als Mutter, als »Nährende Mutter«. Dieser Spruch ist – eben aus diesem

Grunde – wohl nicht auf die Große Göttin-Mutter, wie ich früher mit all den späteren Kommentatoren annahm, zu beziehen, sondern auf LAU-DSIs Begegnung mit der Frauenseele, mit der *soror mystica*, der *femme inspiratrice*. Doch ist es im letzten Grunde nicht wesentlich, ob die Inspiration unmittelbar von der Gottheit oder vermittelt durch ihre Seherin ihm zuteil geworden ist. Inmitten der ungeheuren Melancholie, die den Sehenden in jenen Zeiten des Untergangs des alten Dschou-Reiches überkommen mußte, fand er Trost bei der »Nährenden Mutter«. Von der saugenden Kraft der inneren Gesichte, Triebe und Stimmungen wie von einem Strudel hinabgezogen und umhergewirbelt, empfindet LAU-DSI mit tragischer Klarsicht seine Getrenntheit von den Menschen und der Außenwelt. Ihn hat das Ganz-Andere ergriffen, darum ist er selber »anders geworden als die anderen«. In der tiefen Melancholie der seelischen Einöde, in der letzten Einsamkeit der Menschenseele klagt er, ins Mark getroffen, von seinem Gang ins Innere, wobei er zugleich weiß, daß dieser Gang unausweichlich ist. Weder kann er in diese Welt, bevor er den Weg bis zum Ende gegangen ist, zurück, noch auch hat er schon das Andere. Aber er sieht bereits, daß es sich ihm als die seinen Geist »nährende Mutter« schenken wird, sei es in einer Theophanie, sei es in menschlicher Verkörperung als Seherin oder Schamanin. *So* versteht sich dieser persönlichste aller Sprüche seines ganzen Büchleins, den HO-SCHANG-GUNG gemäß den Schlußworten mit »Anders als die anderen« betitelt hat:

> Einöde, habe ich noch nicht deine Mitte erreicht?
> Alle Menschen sind so strahlender Laune[21],

Als opfere man das große Festopfer,
Als stiege man im Frühling auf die Terrassen.
Ich allein liege still[22],
Mir ward noch kein Zeichen,
Wie ein Säugling, der noch nicht lächeln kann.
Verfahren! Verfahren![23] wie ohne Heimkehr!
Die Menschen haben sämtlich Überfluß,
Ich allein bin wie verlorengegangen[24].
Ich habe das Herz eines Toren,
So trübe, so trübe!
Die gewöhnlichen Menschen sind ganz hell,
Nur ich bin wie verdüstert[25].
Die gewöhnlichen Menschen sind ganz klar,
Ich allein bin ganz bedrückt[26],
Unruhig[27], ach, wie das Meer!
Umhergewirbelt[28], ach, wie ohne Anlegepfosten!
Die Menschen haben sämtlich Zwecke,
Ich allein bin unnütz wie ein Tölpel,
Ich allein bin anders als die anderen,
Aber – ich halte wert die nährende Mutter[29].
(Kap. 20)

Inmitten also dieser ungeheuren Melancholie findet LAUDSI Trost, Halt und Nahrung für Seele und Geist bei der »Nährenden Mutter«, Erlösung vom Leid durch die Inspiration der *soror mystica* oder der sie sendenden Großen Mutter.

Aus dieser Melancholie und dem halben Wahnsinn über die scheinbare Sinnlosigkeit der Menschenwelt und des Menschenlebens entwickelt sich zugleich ein bestimmtes Ethos, das für die Stufe der Mortifikation typisch ist, nämlich die zwanglose Erreichung des Stils der Genügsamkeit, der Enthaltsamkeit von den überschätzten Gütern des Lebens, wie Ansehen, Macht, Reichtum, Gesundheit und Genuß:

Das große *Dau* ist sehr gradlinig,
Aber das Volk liebt die Seitenwege.
Ist der Kaiserhof sehr prächtig, die Felder aber überwuchert,
Sind die Speicher sehr leer, aber die Kleider verziert und bunt,
Gürtet man sich mit scharfen Schwertern,
Ist man heikel mit Trank und Speise
Und gibt es reiche Waren im Überfluß,
So ist das die Leitrichtung eines Räubers,
Aber nicht die der Weltführung *(Dau),*
ja wahrhaftig!
(Kap. 53)

Name oder Persönlichkeit, was steht mir näher?
Persönlichkeit oder Habe, was ist mir mehr?
Gewinn oder Verlust, was ist übler?
Darum:
Bei allzu großer Sucht ist sicher großes Sichverschwenden,
Bei allzu vielem Sammeln ist sicher großer Verderb.
Weiß man aber sich zu begnügen, gibt es keinen Makel,
Weiß man Halt zu machen, kommt man nicht in Gefahr!
So kann man langlebend und dauernd sein.
(Kap. 44)

Diese Verinnerlichung des Ethos beruht auf der Blickrichtung vom Wesentlichen, vom *Dau* her. Sie läßt die Güter des Lebens auf ihren wahren Wert zurückschrumpfen und die Haltung der Genügsamkeit entstehen. Sie lehrt das Geheimnis des Weisen: mitten in der Welt nicht von der Welt zu sein. Das gilt für den einzelnen wie für die menschliche Gesellschaft:

> Hat die Welt Aufführung *(Dau)*,
> So werden die Streitpferde zum Dungfahren eingespannt,
> Hat die Welt keine Aufführung,
> So leben die Kriegsrosse auf dem Gemeindeanger.
> Keine Sünde größer, als Begehrlichkeit billigen,
> Kein Unheil größer, als Genügen nicht kennen,
> Keine Schuld mißfälliger, als Gewinn begehren!
> Darum:
> Wer des Genügens Genüge kennt, der hat immer genug.
> *(Kap. 46)*

Im Erlernen der Genügsamkeit und in der Verwendung der irdischen Güter unter dem ausschließlichen Gesichtspunkt dessen, was *sub specie aeternitatis* sinnvoll ist, vollzieht sich die Lösung aus der Verstrickung in die Welt, aus der Sklaverei der Eindrücke und Begierden. Das ist die sittliche Wirkung der Mortifikation und der Wendung zur Bestimmung.

3. Daß diese aber geschieht im Lichte der Ewigkeit, ist die Wirkung der Inspiration der »nährenden Mutter«.

Diese ist überhaupt das Element, das die Melancholie fruchtbar und schöpferisch macht, den Wahnsinn oder den Selbstmord aus tiefer Ermüdung vor der scheinbaren Sinnlosigkeit der Welt verhindert. Dieses Wissen um die Fruchtbarkeit der Melancholie und die Art ihrer Heilung ist eine Erkenntnis, die auch dem Abendland geläufig war, sei es in den Traditionen der Mystik (in der Kunst durch DÜRERS bedeutenden Stich allgemein bekannt), sei es in vereinzelten Zeugnissen wie in GOETHES Ausspruch, daß das melancholische Temperament für den künstlerisch produktiven Menschen das fruchtbarste sei. Denn wenn der Druck der Melancholie durch Inspiration aufgehoben wird, strömt die unendliche Tiefe als Sinn und Gehalt in das geistige und künstlerische Werk ein und bringt das Bedeutende hervor. Kein Mensch wird groß, der nicht durch die Melancholie gegangen ist. Kein Mensch erlangt den weltüberlegenen Standpunkt, der nicht durch die Mortifikation, durch die Pforten des Todes, hindurchgeschritten ist. Uns ist dieses Stadium als Verwandlung des ganzen Menschen bedeutsam: als Engpaß zur Freiheit von den Banden des Ichs und der Welt. Sie bedeutet die Wendung zur Bestimmung durch den Einbruch des Ewigen in die Vergänglichkeit, durch die Inspiration der »nährenden Mutter«. Diese macht den ihr vertrauenden und von ihr angeredeten Menschen zum Sieger über Tod und Verwesung und reicht ihm den goldenen Zweig der Unsterblichkeit. Diese Inspiration – »Einhauchung« – ist die Heilung. Mit der Inspiration wird das Vertrauen zum Sinn von Welt und Leben wieder hergestellt und das Leid der Sinnlosigkeit aufgehoben: LAU-DSI wird von Leid, Wahnsinn und Verstricktheit des Lebens erlöst, denn die Erkenntnisse der Inspiration liegen jenseits der Grenze des Wissens. Darum sind sie machtvolle ewige Weisheit; die Kraft zur Heilung und Erlösung als solche besitzen sie:

> Um das Nichtwissen wissen, ist das Höchste.
> Nichtwissen, was Wissen ist, ist Leiden.
> Nur wer unter diesem Leiden leidet,
> Wird frei vom Leiden.
> Daß der Berufene nicht leidet,
> Kommt daher, daß er an diesem Leiden leidet, –
> Darum leidet er nicht!
> *(Kap. 71)*

Es kommt also die Erlösung vom Leid der Melancholie durch die Inspiration der Gottheit zustande, sei es unmittelbar, sei es durch ihre Vertreterin, denn ein Mensch sei dem anderen helfende Gottheit, *homo homini Deus!* So vollendet sich ihm das Leben, es wird Fülle, und das ewige Sein gestaltet sich in ihm. Ein neuer Abschnitt des Lebensweges kündigt sich an.

IV. Eintritt in die Ewigkeit

Dieses Drama der menschlichen Seele, das sich in den Worten LAU-DSIS vor unseren Augen entrollt, hat ihn zur »Wurzel« zurückkehren lassen. In der »Leerheit« hat er den mächtigen Ruf des Urgrundes der Welt gehört, in der »Stille« die Stufen des Kreislaufes des Lebens als Gang des *Dau* durch Welt, Geschichte und Leben verstanden und in der strömenden Urkraft des *Dau* ein neues Ethos erhalten, und schließlich ist er in der »Wendung zur Bestimmung« durch die göttliche Traurigkeit der Melancholie der Verstrickung in die Welt entwachsen. Nun klingen die Töne der Ewigkeit an sein Ohr, die die nächsten drei Stufen erfüllen: *Eintritt in die Ewigkeit* und die beiden Wirkungen der Erkenntnis der Ewigkeit: *Erleuchtung* und *Allumfassung*.

So chinesisch in ihrer eigenartigen Prägung uns auch die Worte LAU-DSIS erscheinen mögen, so fühlen wir doch ihre tiefe, allgemein gültige Wahrheit. Führt doch das Leben selber in seinem Kreislauf jeden Menschen mehr oder minder deutlich – den einen tiefer, den anderen oberflächlicher – über diese Stufen zur Reife und Klarheit des Mannesalters. Daneben aber ist es die Tradition der abendländischen Mystik und nicht zuletzt die vergleichende Schau auf die anderen großen Religionen der Erde, die uns die Wahrheit der Lehren LAU-DSIS erkennen lassen.

Nun, nach diesem Absterben, steht der Mensch an der großen Schwelle, der Schwelle zur Ewigkeit, denn ist auch kein Leben ohne Tod, so ist doch auch kein Tod ohne Leben. Dieses neue Leben ist aber ein ganz anderes als das vorangegangene, denn der reife Mensch lebt von woandersher als der junge. Der junge Mensch denkt sozusagen zweidimensional, seine Gedanken von der Wirklichkeit hält er in ihrem Wahrheitsgehalt für sich deckend mit der Wirklichkeit selbst. Es fehlt ihm die Dimension der Tiefe, daher fehlt ihm auch das Gefühl für das verschiedene Gewicht der Gedanken, hat er doch auch noch nicht die Grenzen menschlicher Erkenntnis an sich selbst erlebt. Tieferes hat er zwar geschaut, aber er besitzt es nicht. Denn der Mensch besitzt an Tiefe nur das, wovon er besessen wird. Er begreift in Wirklichkeit nur das, wovon er ergriffen wird.

Nur die Erfahrung lehrt, das Gewicht der Gedanken einzuschätzen und so Wesentliches von Unwesentlichem zu scheiden. Ohne daß deswegen der Idealismus der Jugend aufgegeben würde, erfährt dieser im reifen Alter seine Ergänzung durch einen Realismus, der erlaubt, Welt und Leben richtig zu sehen und dementsprechend zu leben, nämlich von einem – beiden gegenüber – tieferen Standpunkt aus. Das ist der Übergang vom Wissen zur Weisheit.

> Weiser ist ungelehrt,
> Gelehrter ist unweise.
> *(Kap. 81)*

1. Nun ist dem Manne von Natur aus durch seine entwickeltere Verstandestätigkeit das Zergliedern und das Wissen als Mittel zur Aneignung der Welt und des Lebens gegeben, der Frau aber durch ihre größere Lebensnähe die Weisheit zur verstehenden Erfassung und Angleichung an Welt und Leben. Nichts ist daher für den Mann in seiner Entwicklung wichtiger als die Begegnung des Männlichen mit dem Weiblichen. Der erzieherische und inspiratorische Einfluß einer bedeutenden Frau auf den männlichen Geist ist in der menschlichen Geschichte stets von außerordentlicher Bedeutung gewesen, ja hat überhaupt erst die Reifung der großen Männer ermöglicht. Das männliche *Yang* wird durch das weibliche *Yin* ergänzt und befruchtet, und so erst die Ganzheit des Seelenlebens ermöglicht. Denn unter dem Einfluß des Ewig-Weiblichen entfaltet der Mann, wie wir es besonders deutlich am Leben GOETHES sehen, die bisher mangelhaft entwickelten oder zurückgedrängten weiblichen

Seiten seines Wesens, die unbewußt in ihm liegen. Eine Art Angleichung an die geliebte Frau tritt ein. Auf diese Weise aber wird er erst ins Gleichgewicht gesetzt. Liebe ist Sehnsucht zur Ganzheit, Befreiung aus der Einsamkeit des Einseitigen, wie dies PLATON so schön mit einem uralten Mythos im ›Gastmahl‹ ausgeführt hat. Einstmals in Urzeiten nämlich hätten die ersten Wesen sowohl aus Männlichem wie Weiblichem zugleich bestanden und seien erst später gespalten und vereinzelt worden. Liebe sei daher das Auftauchen urältester Erinnerungen an den paradiesischen Zustand der Vollkommenheit und die Sehnsucht nach ihm. Der gleiche Mythos begegnet uns auch im zirkumpazifischen Raum; vielleicht war er LAUDSI bekannt.

In dieser Begegnung des männlichen Geistes mit dem weiblichen nun entfaltet er durch Angleichung an das geliebte Wesen die noch in ihm schlummernden Eigenschaften des eigenen weiblichen Gegenpoles in seinem Unbewußten. Dieser Begegnung des Geistes entstammen als Frucht auch die schöpferischen Leistungen des Mannes. Denn im Körperlichen befruchtet der Mann, die Frau trägt aus und gebiert das Kind. Im Geistigen befruchtet die Frau, der Mann trägt aus und gebiert das Werk – das gemeinsame Kind ihrer Liebe. Ebenso wie der Mann die Psyche der Frau gestaltet, wird er also von ihr gestaltet. Darin liegt die Sendung der bedeutenden Frau beschlossen.

Die Sendung des reifen Mannes gegenüber der weiblichen Seele ist die gleiche, nur sind alle Vorzeichen vertauscht, denn die Frau hat ein vorwiegend weibliches Bewußtsein, ihre Ergänzung durch den Mann bringt ihr die Entfaltung und Gestaltung ihrer bis dahin noch unbewußten Anlagen, welche bei ihr den männlichen Gegenpol enthalten, und die Verstärkung dieses Gegengewichtes führt auch bei ihr zum Gleichgewicht der Seele und zur vollen menschlichen Reife.

Von besonderer Wirkung waren und sind daher alle Religionen, die auch die weibliche Seite der Gottheit, ihre Weisheit *(sophia)*, in den Mittelpunkt gestellt oder nahe an den Mittelpunkt herangerückt haben. Allen diesen Religionen eignet deshalb eine außerordentliche Gemütskultur. Das Fehlen der Gemütskultur und der Weisheit läßt auf der anderen Seite die einseitig männlichen Religionen so unfruchtbar erscheinen. Mag nun die Befruchtung von Geist durch Geist, nämlich des männlichen Geistes durch den weiblichen, durch die Inspiration einer bedeutenden Frauengestalt geschehen oder aber erschütterndes Erlebnis durch göttliche Inspiration seitens des Ewig-Weiblichen der Gottheit sein, in jedem Falle entwickelt sich im männlichen Subjekt durch Liebe und Verehrung die Reifung zur Ganzheit und zur Weisheit. Eben dies hat LAU-DSI erfahren, dies hat ihn über die Melancholie hinausgehoben und in das Reich der Ewigkeit, die eigentliche Heimat des Geistes geführt.

2. Dadurch aber drängt im Subjekt die unbewußt weibliche Seite der männlichen Psyche, die unter dem Einfluß der weiblichen Inspiration so erstarkt und gestaltet worden ist, zum Erwachen, zur Bewußtwerdung. Damit tritt eine Verwandlung der Seele zur ursprünglichen Ganzheit ein, die voller Tiefe und Erfülltheit des Geistes, Weisheit des Herzens und edler Bewegtheit des Ausdrucks ist. Dieser Zustand beim Überschreiten der

Schwelle zur Ewigkeit, den die abendländischen Mystiker einen »engelgleichen« oder »cherubgleichen« und die Hermetiker einen »hermaphroditischen« genannt haben, ist der der Ganzwerdung des Menschen mit allem, was er von Ewigkeit her mitbekommen hat. Auf die verschiedenen Möglichkeiten männlicher und weiblicher Beeinflussung und Gestaltung kann ich hier nicht eingehen. Entscheidend für uns ist, daß der Gegenpol im Individuum durch göttlichen Einfluß erwacht und durch ihn hindurch das Göttliche einwirkt.
Damit entsteht auch die Beständigkeit der schöpferischen Leistungen, weil beide vollentfalteten Pole, das *Yang* und das *Yin*, das Bewußte und das Unbewußte, sich gegenseitig befruchten. Erst dieser ganze Mensch erfaßt das Ganze, oder vielmehr es erfaßt ihn. In diesem »engelgleichen Zustand« erfüllt ihn auch das Ethos der Ewigkeit und bringt ihm die *conversio morum,* »die Bekehrung der Sitten«. Er wird, wie LAU-DSI sagt, »zum Strombett, zum Vorbild, ja zum Quelltal der Welt«. Denn durch ihn strömt, ihn erfüllt die unendliche Urkraft der Ewigkeit *(Dê)*. Das ist die »Stufe des Eingehens in die Ewigkeit«.
Er aber kehrt auf diese Weise wieder zurück zum ursprünglichen »Kindsein, zum Grunde der Welt, zum noch ungestalteten Rohholzsein«, aus dem alles gemacht ist, was gemacht ist. LAU-DSI besingt diese Entwicklungsstufe in einem dreistrophigen Hymnus, den HO-SCHANG-GUNG die »Umkehr zum Rohholz« betitelt. Jedes Wort in diesem Hymnus ist bedeutungsschwer:

Kennen seine Mannheit[30],
Wahren seine Weibheit[31],

Wird man zum Strombett[32] der Welt.
Ist man das Strombett der Welt,
So wird man von der ewigen Kraft *(Dê)* nicht verlassen
Und kehrt wieder ein zum Kindsein.
Kennen seine Weiße,
Wahren seine Schwärze,
Wird man das Vorbild der Welt.
Ist man das Vorbild der Welt,
So wird man von der ewigen Kraft nicht verlassen
Und kehrt wieder ein zum Ungrund[33].
Kennen seinen Glanz,
Wahren seine Schmach,
Wird man zum Quelltal der Welt.
Ist man das Quelltal der Welt,
So hat man an der ewigen Kraft Genüge
Und kehrt wieder ein zum Rohholzsein[34].
(Kap. 28)

3. Diese Umkehr zur Schlichtheit und zur ursprünglichen Unschuld des Menschen vor Gut und Böse ist von einem Ethos »cherubgleicher«, metaphysischer Hoheit getragen, denn es ist der Zustand des *Dau* selber:

Dau, weil ewig, ist unbenennbar.
Rohholzhaft ist es, und ob auch unscheinbar,
So wagt doch keiner in der Welt, es sich untertan zu machen.
(Kap. 32)

In diesem Ethos, das erst die sittlichen Akzente im metaphysischen Zusammenhang der Welt richtig setzt, offenbart sich eine höhere sittliche Haltung, als die Normen des gesellschaftlichen Moralkodex sie bieten, denn diese Haltung ist nicht von menschlicher Konvention abhängig, sondern wird vom göttlichen Wesen durchströmt. Daher sagt LAU-DSI:

Ist man von dem großen *Dau* abgefallen,
So gibt es ›Menschlichkeit‹ und ›Pflicht‹,
›Wissen‹ und ›Einsicht‹ kommen hervor,
Und es gibt großes Getue.
Sind die sechs Verwandtschaftsgrade uneins,
So gibt es ›Kindespflicht‹ und ›Elternliebe‹.
Ist die Reichsleitung verdüstert und verwirrt,
Dann gibt es die ›treuen Beamten‹.
(Kap. 18)

Tut ab eure ›Heiligkeit‹, treibt aus das ›Wissen‹!
Und des Volkes Wohl wird sich verhundertfachen.
Tut ab eure ›Menschenliebe‹, treibt aus das ›Pflichtbewußtsein‹!
Und das Volk wird zum Familiensinn zurückkehren.
Tut ab eure Geschicklichkeit, treibt aus die Gewinnsucht!
Und es wird keine Räuber und Diebe mehr geben. –
In diesen drei Dingen, muß man meinen,
Hat die Gesittung nicht ausgereicht.
Darum muß man haben, worauf man bauen kann:
Zeigt Einfachheit,

Seid wie Rohholz,
Mindert die Selbstsucht,
Verringert die Wünsche!
(Kap. 19)

Schneidet ab eure Gelehrsamkeit,
So gibt es keine Sorgen mehr!
(Kap. 20)[35]

Umkehr zum Rohholzsein ist Umkehr der Sittlichkeit zu ihrem metaphysischen Sinn. Das ist die echte *conversio morum.* Nur eine solche sittliche Haltung bezieht ihre Begründung aus der »Ewigkeit« und hat von da her Kraft, nämlich *Dê,* die Urkraft des *Dau* selbst.

v. Erleuchtung

1. Auf die Stufe der »Ewigkeit«, in der der Mensch umkehrt zum Rohholzsein, der ursprünglichen Einheit oberhalb der beiden Gegenpole der Seele, folgt die der »Erleuchtung«. In ihr wird die Einheit des *Dau* als Weltzusammenhang geschaut. Eigentlich sind die beiden Stufen zwei Aspekte eines einzigen Vorgangs der Erkenntnis. Der Eintritt in die Ewigkeit führt unmittelbar zu der Erkenntnis der Ewigkeit und damit zur Erleuchtung. Darum sagt LAU-DSI:

Erkenntnis der Ewigkeit meint Erleuchtung.
Nichterkenntnis der Ewigkeit
Ist abwegig, schafft Unheil!
(Kap. 16)

Oder:

> Kenntnis des Einklangs meint Kenntnis der Ewigkeit,
> Kenntnis der Ewigkeit meint Erleuchtetheit.
> *(Kap. 55)*

An anderer Stelle sagt LAU-DSI:

> Kennen das Kleinste (das unsichtbare *Dau*) meint Erleuchtung.
> *(Kap. 52)*

2. Ausgehend von der Vereinigung der beiden Hälften der menschlichen Psyche, der bewußten Geistseele und der unbewußten Körperseele, wodurch die schöpferische Genialität frei wird und die Urkraft des *Dau* den Menschen als Strombett der Welt benutzt, gilt es nun, die Einheit des *Dau* zu hegen. Diese Einheit gibt allen Wesen Lebenskraft und Ungeteiltheit. Darum sagt LAU-DSI – wir folgen in der Übersetzung der Auslegung des HO-SCHANG-GUNG, der unter *Ying* die bewußte Geist- oder Hauchseele *(Hun)* versteht und unter Seele *(Po)*, wie allgemein üblich, die unbewußte Körperseele –:

> Kannst du aufladen[36] dem Geist[37] die Seele[38]
> Und dann hegen die Einheit (des *Dau*),
> Und so ungeteilt sein?[39]
> Kannst du den Lebensodem einspannen
> Und erreichen Geschmeidigkeit,
> Und so ein Kindlein sein?
> Kannst du reinigen und läutern

Dein mystisches Schauen,
Und so ohne Fehler sein?
Kannst du das Volk lieben
Und den Staat verwalten,
Und dabei ohne Handeln sein?
Wenn sich das Himmelstor öffnet und schließt,
Kannst du dich dabei weiblich (empfangend) verhalten?
Kannst du mit Erleuchtung und Klarheit
Die vier Weltgegenden durchdringen,
Und dabei nicht des Wissens bedürfen?
(Kap. 10)

Das Wesen der Erleuchtung wird hier ausführlich dargestellt:
a) LAU-DSI beginnt mit der Vereinigung von Geist und Seele, dem Zustand der Stufe der Wendung zur Ewigkeit. In diesem Zustand wird die Einheit des *Dau* geschaut und gewahrt. Die Wirkung ist, daß der Mensch selber auch die Kraft der Einheit erhält.
Durch die Einspannung des Lebensodems in der Meditation – wieder ein Erbteil alter medizinischer Überlieferung und der mystischen Betrachtungsweise – wird dieser im Zaum gehalten, nicht vergeudet. Dadurch werden Körper oder Körperseele und Geist von ihm durchströmt, miteinander in einem Kreislauf verbunden und geschmeidig gemacht, so daß die geistige Neugeburt als »Kind« vorbereitet wird.
In der Meditation wird weiter auf dieser Stufe das mystische »Schauen«, eigentlich »Widerspiegeln« (Reflexion) des Ewigen so geläutert, daß seine Fleckenlosigkeit, seine Freiheit von Irrtümern und Fehlern vorbereitet wird.

Nach dieser dreifachen Vorbereitung der Seele spricht LAU-DSI weiter über das erleuchtete Verhalten gegenüber Staat und Gesellschaft, über die Offenbarungen des Himmels und über das Durchdringen der vier Gegenden des Weltalls in erleuchteter Gesamtschau der göttlichen Einheit des *Dau* in allen Erscheinungen.

b) In der geschichtlichen Gemeinschaft, in die der Mensch gestellt ist, muß der Erleuchtete durch Liebe zum Volk und durch eine Staatsverwaltung ohne Handeln doch alles bewirken können, und zwar durch Zurückhaltung und Vorbildlichkeit wie das *Dau*.

c) Gegenüber den göttlichen Offenbarungen, wenn sich das Tor (oder der Schoß, vgl. Kap. 6: der Schoß des Himmels und der Erde, von der »dunklen Urmutter« gesagt) des Himmels öffnet und schließt, d. h. abwechselnd *Yin* und *Yang* hervorgehen läßt – wie gewisse Kommentare diese mythische Stelle auslegen –, so muß der Erleuchtete fähig sein, sich weiblich aufnehmend zu verhalten, also geöffnet zu sein für die göttliche Inspiration, und sie in sich bewahren.

d) Nach der Skizzierung des Zustandes der Erleuchtung in der Seele, im Verhalten gegenüber der geschichtlichen Gemeinschaft und gegenüber den göttlichen Offenbarungen schließt LAU-DSI dies alles zu einer universalen Durchdringung des Alls in allen vier Weltgegenden zusammen, und zwar durch höchste Erleuchtung und Klarheit. Diese Erleuchtung bedarf keines Wissens, sie ist unmittelbare Intuition oder Schau der göttlichen Einheit in ihm.

Diese vierfache Erleuchtung, die der Seele, die des Ethos in der geschichtlichen Gemeinschaft, dann die Erleuchtung als Empfängnis der göttlichen Offenbarung und schließlich als Durchschauen des Alls, hat, wie wir sahen, immer zur Voraussetzung die Einheit von Seele und Geist und die Hegung der Einheit des *Dau*. Die Einheit des *Dau* ist der zentrale Punkt, um den die vier Weltgegenden liegen, die vier Ecken der Welt, die LAU-DSI umschreitet. Im *Dau* ist die Einheit der Vielfalt gegeben. Dies zu schauen ist wahre Erleuchtung. Diese Stufe stellt eine Parallele zur zweiten Stufe mit den Erlebnissen der »Stille« dar. Während dort aber die Stufenfolge des zeitlichen Kreislaufes des *Dau* erschaut wurde, wird hier die Einheit in jeder Erscheinung des Alls in den vier Richtungen der Welt gesehen.

Diese Einheit des *Dau* in den großen Erscheinungen zu schauen, gibt LAU-DSI Lebenskraft, denn diese Einheit ist offenbar die Urkraft *(Dê)* des *Dau* selber, die allem das Wesentliche gegeben hat und gibt:

Der Himmel erlangte die Einheit (des *Dau*)
Und ist dadurch klar.
Die Erde erlangte die Einheit
Und ist dadurch fest.
Die Götter erlangten die Einheit
Und sind dadurch wundermächtig.
Die Täler (die Talgeister) erlangten die Einheit,
Und sind dadurch wie erfüllt.
Die zehntausend Wesen erlangten die Einheit,
Und sind dadurch lebenskräftig (d. h. fruchtbar).
Fürsten und Könige erlangten die Einheit,
Daher sind sie der Welt Vorbild.
Dies alles ist durch die Einheit bewirkt.
(Kap. 39)

3. Wer aber diese Einheit des *Dau* in allen Wesen und Erscheinungen als ihren Sinn erschaut hat, der ist auch in der Sittlichkeit vom Schein zum Sein, von der Erscheinung zur metaphysischen Wirklichkeit in seinen Wertungen und in seiner Haltung durchgedrungen, Sittlichkeit und *Dê* sind in ihm unbewußte Einheit geworden:

Wer die Urkraft *(Dê)* hochhält, ist sich
  nicht bewußt der Urkraft,
Darum ist er urkräftig.
Wer die Urkraft niedrig schätzt, will nicht
  verfehlen, urkräftig zu sein,
Darum ist er ohne Urkraft.
Wer die Urkraft hochhält, ist ohne Handeln,
Und es ist ihm nicht ums Handeln.
Wer die Menschlichkeit hochhält, handelt,
Aber es ist ihm nicht ums Handeln.
Wer aber die Gerechtigkeit hochhält, handelt,
Und es ist ihm ums Handeln.
Wer gar den Sittenkodex hochhält, handelt,
Und wenn dem niemand entspricht,
Dann entblößt er die Arme
Und geht zur Gewalt über!
Darum:
Verliert man *Dau,*
Dann danach ihre Urkraft *(Dê).*
Verliert man die Urkraft,
Dann danach die Menschlichkeit.
Verliert man die Menschlichkeit,
Dann danach die Gerechtigkeit.
Verliert man die Gerechtigkeit,

Dann danach die Sitten. –
Was nun den Sittenkodex anlangt,
So ist er ein dürftiges Etwas von Treu und
Glauben
Und der Verwirrung Anfang.
Verfrühtes Wissen ist des *Dau* Schein
Und der Torheit Gebärerin. –
Darum der große Staatsmann:
Er hält sich an die Fülle
Und verweilt nicht bei der Dürftigkeit.
Er hält sich an das Wirkliche
Und verweilt nicht beim Schein.
Meide also das eine, wähle das andere!
(Kap. 38)

Das ist erleuchtete Sittlichkeit.

VI. Allumfassung

1. Erkenntnis der Ewigkeit meint Erleuchtung.
Erkenntnis der Ewigkeit ist: umfassend sein.
(Kap. 16)

Dies hat LAU-DSI als göttliche Einweihung im Zustand der Leerheit erschaut. Was ist nun *Yung (Jung)* »umfassend sein«? Es ist klar, daß Erleuchtung im Lichte der Ewigkeit »allumfassend« macht, denn sie versteht alle Erscheinungen als Spiegelungen der Einheit des Grundes und Sinnes der Welt, des *Dau*. »Allumfassendsein« führt dann auch von selbst weiter zur nächsten Stufe:

Allumfassend sein, alsdann *Gung* »Selbstlosigkeit, Ichüberlegenheit, Gerechtigkeit.«

In der »allumfassenden« Haltung erreicht also die Erleuchtung ihren Höhepunkt in geistiger und sittlicher Beziehung.

2. *Yung (Jung)* heißt aber nicht nur »Umfassend sein«, sondern auch »enthalten«. Also im obigen Sinne: alles enthalten auf Grund der in ihm wirksamen Einheit des *Dau*. Diese Einheit des *Dau* als den wahren Grundstein, als göttliches Erbe, auch in der eigenen Seele, nicht nur in Welt und Geschichte zu finden, ist aber die naturgemäße Folgerung, denn sonst würde man sich selbst ja ausschließen von der Einheit des *Dau*. Nun ist diese Stufe der Reifung schon angebahnt beim Übergang zur Erleuchtung in der Einheit von Bewußtem und Unbewußtem durch die »Rückkehr zum Rohholz« des Ewigen in uns vor aller Spaltung. Diese fruchtbare Vereinigung von *Yang* und *Yin* bereitet die Empfängnis des »Kindes« in uns vor. Aber nicht von sich aus, sondern kraft Wirkung und Gnade der Einheit des *Dau* in allem, auch in uns, auf der nächsten Stufe, der Erleuchtung. Durch die Vereinigung von *Yin* und *Yang* in uns wirkt die Große Göttin-Mutter des Alls, die selber übergegensätzlich den Himmelsgott und die Erdgöttin aus sich heraus ohne Partner, d. h. jungfräulich geboren hat. Sie ist es aber auch, die den Erleuchteten absterben läßt, damit das »Kind« in ihm empfangen werde und er im »Kinde« wieder auferstehe. Hiermit hat ein Kreislauf des inneren Lebens seinen Abschluß erreicht, und ein neuer Kreislauf beginnt. Die spätere Mystik

des chinesischen Mittelalters bezeichnet dieses »Kind« als »Sohn des Himmels«, d. h. »himmlisches Kind«, also mit dem Titel des kaiserlichen Hohenpriesters. Es ist ein uralter Gedanke der Menschheit, der in allen hohen Religionen wiederkehrt, daß die Erleuchtung ihre Vollendung in einer Empfängnis von oben aus dem Geiste findet. Die Erbweisheit der Menschheit, die die göttliche Selbstoffenbarung in sich aufgenommen hat, drückt damit den paradiesischen Zustand der Kinderseele und der Erleuchtung zugleich aus, den Zustand uranfänglicher Verbundenheit mit dem Ursprung des Lebens vor dem Erwachen des Intellektes. Es ist der Zustand der Weisheit gegenüber allem diskursiven Denken und Wissen und zugleich der Zustand sittlicher Unschuld gegenüber jedem Moralkodex. Die Befruchtung der menschlichen Seele durch die Große Göttin-Mutter erweckt also in ihm das »Kind« zum Bewußtsein. Und nun ist es an der Zeit, über die durchaus personhafte Auffassung vom Wesen des *Dau* bei LAU-DSI nochmals ein Wort zu sagen, insbesondere über den Namen. Für LAU-DSI ist die Große Göttin-Mutter an sich unbenennbar:

> *Dau,* weil ewig, ist unbenennbar.
> *(Kap. 32)*

Nur aus Verlegenheit, ein passendes Wort für sie zu finden, »bezeichnet« sie LAU-DSI, d. h. ganz wörtlich: »verwendet er das Schriftzeichen« *Dau* für sie, das im Chinesischen sonst mannigfache Bedeutung hat.

Es gibt ein Wesen, aus dem Unfaßbaren gebildet,
Vor Himmelsgott und Erdgöttin lebend,
So still und körperlos!
Allein (d. h. ohne Partner) steht es und ändert sich nicht,
Den Kreis rings schreitet es ab und läuft nicht Gefahr.
Man kann es ansehen als die Mutter der Welt.
Ich weiß nicht ihren Namen,
Sie bezeichnend sage ich: *DAU*,
Bemüht, ihr einen Namen zu schaffen, sage ich:
DA, die Große (d. h. die Unermeßliche).
(Kap. 25)

Das macht den Eindruck, als ob er, aus einer anderen Sprache, aus dem Tschu-Dialekt, eine ähnlich klingende Bezeichnung der Großen Göttin-Mutter dem Laut nach in das Chinesische zu übertragen bemüht wäre[40]. Aber bei der Wahl des Wortes *Dau* muß ihm dessen Bedeutung im Hochchinesisch irgendwie sinnvoll erschienen sein. *Dau* als »Weg« kommt nicht in Frage, da man von einem Weg keine personhaften Tätigkeiten des »Gebärens, Ernährens, Erhaltens, Bewahrens«, der »Mutterschaft der Welt, des Landes, des Himmelsgottes und der Erdgöttin«, des »Verabscheuens«, des »Liebens«, des »Errettens des Sünders« aussagen kann. Nun bedeutet *Dau* im Chinesischen als Verbum »den Weg weisen, führen«. Von der »Führung« des Alls könnte man freilich alle diese Eigenschaften aussagen, da man bei dieser notwendigerweise Bewußtsein, Willen und Macht mitdenkt. Deswegen haben wir bisher gerne den Ausdruck »Weltführung« verwandt an Stelle von »Weg« oder etwa »Ordnung« des Alls. Aber auch diese Bezeichnung »Weltführung« klingt immer noch unpersönlich, während ja LAU-DSI ihr gerade die personhaften Fähigkeiten einer Großen Göttin-Mutter zuschreibt. Wir geben also die Bezeichnung *Dau* erst dann richtig wieder, wenn wir nicht das unpersönliche Nomen actionis »Führung (des Alls)« verwenden, sondern das Nomen agentis »die Führerin (des Alls)«.

Im Blick auf die innige Beziehung, in der LAU-DSI die Große Göttin-Mutter *Dau* auf dieser Stufe erlebt, wählen wir daher von jetzt an diese Wiedergabe:

Die Welt hat eine Gebärerin,
Das ist die Mutter der Welt.
Hat man seine Mutter gefunden,
So erkennt man dadurch sein Kindsein.
Hat man sein Kindsein erkannt,
Und hält sich wieder an seine Mutter,
So ist man beim Untergang des Leibes ohne Gefahr. –
Schließt man die Ausgänge der Sinne,
Und macht ihre Eingänge zu,
So bleibt man bis zum Lebensende ohne Mühe.
Wer seine Sinnesausgänge öffnet
Und seine Geschäftigkeit ordnen will,
Der wird bis zum Lebensende nicht heil! –
Das Kleinste (*Dau* in seiner Unsichtbarkeit) sehen, bedeutet Erleuchtetsein,
Biegsamkeit wahren bedeutet Starksein.
Benutzt man sein Licht,
Um wieder einzukehren zu seiner Erleuchtetheit,
So verliert man nichts bei des Leibes Untergang.

Das heißt: sich erbmäßig kleiden mit Ewigkeit.
(Kap. 52)

Behält man der Urkraft Fülle,
So gleicht man dem neugeborenen Kinde:
Wespe, Skorpion, Kobra und Viper stechen es nicht,
Reißende Tiere packen es nicht;
Raubvögel schlagen es nicht;
Zwar sind seine Knochen schwach und die Sehnen weich,
Und doch packt es so fest zu.
Es weiß noch nichts von Mannes und Weibes Vereinigung,
Und doch richtet es sich vollkommen empor
– Durch die Fülle der Keimkraft nämlich.
Es schreit den ganzen Tag, und doch wird seine Kehle nicht heiser
– Durch die Fülle des Einklangs nämlich.
Den Einklang kennen, meint: Kenntnis der Ewigkeit,
Kenntnis der Ewigkeit meint: Erleuchtetheit!
Das Leben mehren, meint: Segen,
Für die Lust verwenden die Lebenskraft, meint Stärke.
Ist aber ein Wesen erstarkt, dann vergreist es.
Das müßte man nennen: ohne *Dau* sein.
Ohne *Dau* ist man bald am Ende.
(Kap. 55)

Diese Kindschaft baut sich auf der Stufe der Wendung zur Ewigkeit, der Umkehr zum Rohholz und der Stufe der Erleuchtung auf. Dort hieß es:

> Kennen seine Mannheit,
> Wahren seine Weibheit,
> Wird man zum Strombett der Welt.
> Ist man das Strombett der Welt,
> So wird man von der ewigen Kraft nicht
> verlassen
> Und kehrt wieder ein zum Kindsein.
> *(Kap. 28)*

Von dieser übergegensätzlichen Einheit der beiden Gegenpole, der bewußten und der unbewußten Seele, wurde dann die übergegensätzliche Einheitsschau in allen Erscheinungen auf der Stufe der Erleuchtung ermöglicht. Auf der Stufe der Allumfassung aber empfängt der Mensch den erneuerten Menschen, das »Kind«, das er »umfaßt« oder »enthält« wie die Mutter das Kind. Er ist durch die Große Mutter, die Führerin des Alls, als ihr Kind zu einem erneuerten Leben verwandelt worden. Das ist die Empfängnis der Erneuerung des Wesens durch göttliche Inspiration. Das, was empfangen wird, ist der *puer aeternus,* das ewige Kind, der Mensch aus der Ewigkeit. Auch das ist »Allumfassung«!
Diese Verwandlung ist die Wirkung der Liebe zwischen der Großen Mutter und dem Menschen. Es ist das Mysterium, das Sakrament der Liebe. Wie in der Begegnung von Mann und Frau der Dichter »von Tiefe dann zu Tiefe stürzend« (MÖRIKE) der Gottheit mächtiges Rauschen hört und wie ihn im Flammentod der Liebe

»fremde Fühlung« (GOETHE) überfällt und ihn vom Stirb! zum Werde! reißt, so waltet dies Geheimnis der Realpräsenz des Göttlichen in der Liebe auch in der Beziehung zwischen dem mütterlichen Urgrund, dem Ewig-Weiblichen des Alls, und der Seele des Menschen. Die Große Mutter befruchtet und gebiert ihn neu.
Mit der Biegsamkeit und Zartheit des Kindes überwindet er die Härte der Welt, dringt ins Zwischenraumlose ein und erfaßt es auf diese Weise. Selber aber ist er unangreifbar, weil er seinen metaphysischen Ursprung gefunden hat und durch diese Findung zum erleuchteten »Kind« verwandelt ist. Darum gleicht er dem Wirken seiner Mutter *Dau*.

> Der Mensch ist bei seiner Geburt biegsam und zart,
> Bei seinem Tode steif und starr.
> Die zehntausend Wesen, die Kräuter und Bäume
> Sind bei ihrem Entstehen biegsam und saftig,
> Bei ihrem Absterben trocken und dürr.
> Also:
> Hart und starr sind des Todes Gefährten,
> Biegsam und zart sind des Lebens Gefährten.
> Darum:
> Sind Krieger starr, so siegen sie nicht,
> Sind Bäume erst starr, so fällt man sie.
> Was starr und groß ist, geht abwärts,
> Was biegsam und zart ist, geht aufwärts.
> *(Kap. 76)*

Endeten die drei ersten Stufen des Weges des Menschen, die Stufen der Rückkehr zur Wurzel, in der Melancholie und dem Sterben des natürlichen Menschen als der Erfüllung der Bestimmung, so enden die Stufen der Ewigkeit und der Erleuchtung mit einem neuen Leben als Kind der Großen Göttin-Mutter.

> Hinaustreten ins Leben ist Eingehen ins Sterben.
> Des Lebens Gefährten sind drei unter zehn,
> Des Todes Gefährten sind drei unter zehn,
> Von den Menschen, die sich lebend zu tödlichen Stellen bewegen, gibt es auch drei unter zehn.
> Und aus welchem Grund? Weil sie des Lebens Fülle leben wollen.
> Ich habe jedoch gehört (über den einen unter zehn):
> Wer das Leben gut ergreift,
> Der reist zu Lande, und trifft nicht Nachbarn und Tiger,
> Der geht durch ein Heer, und trifft nicht auf Rüstung und Waffen.
> Das Nashorn hat nicht, wo es sein Horn einbohren könnte,
> Der Tiger hat nicht, wo er seine Kralle ansetzen könnte,
> Die Waffe hat nicht, wo ihre Schärfe einschneiden könnte.
> Und warum das? Weil er keine tödliche Stelle besitzt.
> *(Kap. 50)*

Der umfassend Erleuchtete, der *puer aeternus*, ist ja seinem Wesen nach vom Metaphysischen durchdrungen und daher unangreifbar. Er besitzt keine tödliche Stelle.

Er durchdringt in seiner Schmiegsamkeit alles und kann daher alles mit seinem Lichte und seiner Unschuld umfassen und der Welt die göttliche Unschuld wieder schenken. Eine Weltperiode geht mit ihm jedesmal zu Ende, und eine neue beginnt. Das ist die Erneuerung durch die »Umfassung«.

Der Fülle der Parallelen in abendländischen Vorstellungen, die sich uns bei diesen Worten LAU-DSIs aufdrängen, wollen wir hier nicht nachgehen, doch sei gerade in Hinblick darauf noch erwähnt, daß eine Reihe chinesischer Kommentare die Worte LAU-DSIs von der Erkenntnis der eigenen Kindschaft zugleich als Kindschaft aller Menschen auffaßt, was grammatisch möglich ist. Aber selbst wenn LAU-DSI dies nicht *expressis verbis* gesagt haben sollte, gemeint hat er die Kindschaft sicher allumfassend für alle Menschen, denn die Führerin des Alls ist ja die »Mutter der zehntausend Wesen«, und folglich sind auch die anderen Menschen als deren Kinder unsere Nächsten. Diese Kommentare verstehen den Beginn des Kapitels 52 folgendermaßen:

> Die Welt hat eine Gebärerin,
> Das ist die Mutter der Welt.
> Hat man seine Mutter gefunden,
> So erkennt man dadurch *deren Kinder*.
> Hat man *deren Kinder* erkannt
> Und hält sich wieder an seine Mutter,
> So ist man beim Untergang des Leibes ohne Gefahr.

Diese Auffassung (ausgesprochen oder unausgesprochen) rundet zugleich nach der sittlichen Seite das Erlebnis von *Dau* als der eigenen Mutter ab. Es umspannt alle Menschen als Kinder der einen Großen Mutter. Damit steigt neben der Liebe zur Göttin-Mutter die Idee der Nächstenliebe, die allein der Welt Frieden geben kann, leuchtend und allumfassend herauf. Und hierdurch erst ist die Stufe der »Umfassung« wirklich allumfassend geworden.

VII. Ichüberlegenheit

Während die drei ersten Stufen der Rückkehr zur Wurzel eine Vorbereitung und Läuterung des Menschen darstellen und die drei mittleren in der Berührung mit der Ewigkeit die völlige Verwandlung und Erneuerung des Menschen herbeiführen, folgen nun als Krönung des ganzen Weges noch vier Stufen, auf deren ersten beiden sich im erneuerten Menschen sich selbst gegenüber und innerhalb der menschlichen Gemeinschaft sowie dem Schicksal gegenüber die Souveränität entwickelt, d. h. die Ich- und Weltüberlegenheit, während er auf den beiden letzten in die kosmische Vereinigung mit dem Himmel und mit *Dau* hineinwächst. Diese letzten vier Stufen stellen als höchste Begnadung die Altersreifung des Menschen dar. »Sind diese vier«, wie HO-SCHANG-GUNG sagt, »in Wahrheit erlebt, so sind *Dau* und *Dê* im Menschen allumfassend geworden.«

1. LAU-DSI hat gesagt:

   Hat man sein Kindsein erkannt
   Und hält sich wieder an seine Mutter,

So ist man beim Untergange des Leibes ohne Gefahr.
(Kap. 52)

Dem Wesen des Kindes und damit auch dem Wesen des als Kind des *Dau* erneuerten Menschen entspricht es, sich an seine Mutter zu halten. Wer sich aber an die Führerin des Alls hält und sich von ihr führen läßt, wird eins mit ihr.

Wer in seinem Tun der Führerin des Alls folgt,
Wird als Geführter eins mit ihr...
Wer eins wird mit der Führerin des Alls,
Den zu bekommen, freut sich auch die Führerin.
(Kap. 23)

In diesen Worten hat LAU-DSI klar die Erkenntnis ausgesprochen, daß gleich die erste der vier Stufen, wie in ihrer besonderen Weise auch die vorbereitenden vorangehenden, auf den Abschluß des ganzen Weges innerer Reifung und Begnadung zielt, auf die Vereinigung mit dem göttlichen Urgrund, mit *Dau*. Auf diesem Wege ist die sittliche Unvollkommenheit des Menschen immer das trennende Moment zwischen ihm und der heiligen Gottheit. Aber der unvollkommene Mensch findet seine Erlösung bei der mütterlichen Göttin. Sie ist die Mutter der zehntausend Wesen und gleichsam der Penatenschrein des Weltgebäudes, der schützend das ganze Haus der Welt durchstrahlt und alle Kinder des Hauses anzieht, die guten wie die bösen, vor dem keines verworfen ist. Den Guten ist die Göttin des Penatenschreins der Welt das köstliche Kleinod ihres Lebens, den Bösen immer noch hilfsbereite Schützerin, ja, wie schon die frommen Weisen der Vorzeit erkannt haben: die Erlöserin von der Sünde. Darum sagt LAU-DSI:

Die Führerin des Alls
Ist der zehntausend Wesen (heimatlicher)
  Penatenschrein,
Der Guten Schatz,
Der Unguten Schutz.
Mit schönen Worten kann man zwar zu Markte gehen,
Mit edlen Taten aber die Menschen vervollkommnen.
Warum sollte man die Unguten unter den Menschen einfach verwerfen?
Darum erwählte man ja den Sohn des Himmels,
Und bestellte die drei Räte.
Aber auch wenn man das Himmelssinnbild aus Jade führen mag (wie der Himmelssohn),
Und als Zeichen des Vorrangs vierspännig fahren darf (wie die drei Räte),
So kommt das doch nicht gleich dem Besitz und dem Fortschritt in solcher Führung des Alls.
Daß das Altertum diese Führerin des Alls
So verehrte, was war der Grund?
Ist nicht gesagt:
›Durch Suchen findet man sie,
Der Sünder wird durch sie errettet‹?
Also ist sie das Kostbarste der Welt.
(Kap. 62)

Das tiefe Vertrauen des frommen Weisen zur göttlichen

Weltführung spricht aus diesen Worten. Er hat erfahren, daß die Große Mutter die Sünden ihres Kindes in ihrer Liebe nicht ansieht. Das Kind, das sich ihrer Führung anvertraut, ist vor ihr gerechtfertigt, denn sie will ja den Sünder durch ihre Liebe erretten. Damit ist das Trennende zwischen ihr und den Menschen, das im Willen und in der Person, nicht in der ursprünglichen Natur des Menschen liegt, weggefallen. Diese ganze vergängliche Person ist nicht mehr wichtig, nur ihr Kindsein.

2. Das Aufatmen der nach Erlösung ringenden Seele wird aber auch zugleich bewirken, daß diese die eigene Person gleichfalls endgültig als unwesentlich betrachtet, mit Ausnahme ihrer Stellung als Kind gegenüber der Großen Mutter, in der die Erfüllung ihres Lebenssinns liegt. Das bewirkt die wahre Erlösung, nämlich Freiheit vom vergänglichen Ich, auch dem erneuerten Ich des Menschen, Ichüberlegenheit. Der Mensch wird selbstlos. Wer aber selbstlos ist, der kann auch gerecht sein. Diese selbstlose Ichüberlegenheit und Gerechtigkeit ist also die Wirkung der Beziehung des Menschen zur göttlichen Mutter und der Rechtfertigung und Errettung durch sie. Die Nächstenliebe, die sich als Gemeinschaftsgefühl der Kinder der Großen Mutter schon auf der vorigen Stufe ankündigte, hat hier in der Ichüberlegenheit und Selbstlosigkeit ihre besondere Fortsetzung gefunden.

> Der Grund, warum ich große Sorge habe,
> Ist, daß ich ein Ich habe.
> Erreiche ich die Ichlosigkeit,
> Was sollte ich da noch für Sorgen haben?

Darum:
Wer die Welt wert hält wie sich selbst,
Dem mag man das Weltreich übergeben,
Wer mit Liebe die Welt behandelt wie sich selbst,
Dem mag man das Weltreich anvertrauen.
(Kap. 13)

VIII. Weltüberlegenheit

Wer dem Ich überlegen, selbstlos und gerecht ist, der betrachtet sein Ich von höherer Warte. Er mag bei weiterer Reifung und Begnadung ein »königlicher, souveräner« Mensch, d. h. weltüberlegen werden. Der chinesische Herrscher steht über den Menschen, er betrachtet Leben und Schicksale aller Menschen und Völker von der höchsten menschlichen Warte aus, nämlich von der Verwirklichung des göttlichen Auftrags her. Die Idee des chinesischen Kaisertums war universal. Vergegenwärtigen wir uns noch einmal das Wesen dieses hohen Amtes. Kein Herrscher der Erde kam dem kaiserlichen Priesterkönig an Rang gleich. Er allein war der Adoptivsohn des Himmelsgottes und hatte das Mandat des Himmels, die ganze Erde zur höchsten Gesittung zu führen. Er war »der einsame, verwaiste, der eine Mensch«, Mittler zwischen dem »Herrn in der Höhe« *(Schang-di)* und den Menschen. Als Sohn des Himmels war er *vicarius Dei* auf Erden, als Herrscher der Menschen deren Stellvertreter vor Gott und ihr Hoherpriester. Solchermaßen Priesterkönig war er zugleich Sühneopfer für alle Menschen vor dem göttlichen Gericht, und als Träger dieses einzigartigen Amtes auf der Erde kam ihm der Titel *Scheng-jën*, »heiliger Mensch, Heiliger«, zu.

Nun handelt es sich bei der Reifung des Menschen nicht um ein Herrscheramt, sondern um die Stufe des souveränen Menschen, der wie der Kaiser ein »Heiliger« ist. Was der Kaiser durch Amtsgnade ist, ist der weltüberlegene Mensch durch die Gnade persönlicher Berufung. Da aber der Kaiser ebenfalls nicht nur in seinen Amtshandlungen, sondern auch in seinem persönlichen Leben ein solchermaßen Berufener sein soll, so kann man das Wort *Scheng-jën,* »der Heilige«, sowohl für den Kaiser wie für den souveränen Menschen durch die Bezeichnung »der Berufene« wiedergeben. Eine Reihe von Kapiteln bei LAU-DSI, die vom »Heiligen« oder »Berufenen« handeln, beziehen sich speziell auf den Kaiser, die meisten aber auf die Stufe des »heiligen« Menschen schlechthin. Bei der Prüfung aller dieser Kapitel ergibt sich, daß in einigen LAU-DSI sich selbst auf eine Stufe mit dem weltüberlegenen »Heiligen« stellt, also diese Stufe der Reifung und Begnadung für sich bezeugt. Hiermit ist, da LAU-DSI ja nicht Kaiser war, erwiesen, daß die Bezeichnung *Scheng-jën* von ihm nicht nur für den Amtsträger, den Kaiser, sondern auch für den Begnadeten, den heiligen Menschen verwendet wird.

Die mich verstehen, sind selten,
Darauf beruht mein Wert.
Darum der Heilige:
Er trägt ein härenes Gewand
Und birgt im Busen ein Jade-Juwel.
(Kap. 70)

Zu den Guten bin ich gut,
Zu den Nichtguten bin ich auch gut...

Der Heilige lebt in der Welt ganz eingezogen,
Aber macht sein Herz weltweit.
Die hundert Sippen richten sämtlich auf ihn Ohr und Auge,
Der Heilige behandelt sie alle mit lächelnder Güte.[41]
(Kap. 49)

Der Berufene, zu dem die hundert Sippen aufsehen, ist der Kaiser. Das Ich, von dem LAU-DSI spricht, ist aber er selber, folglich überträgt er hier die Würde des Kaisers als eines »Heiligen« auf sich selbst. Das kann er nur, wenn er die Bezeichnung *Scheng-jën* nicht nur vom Amte gebraucht, sondern als Begnadung auffaßt, die auch anderen Sterblichen zuteil wird. Auch wenn das Ich in diesem Kapitel ursprünglich nicht LAU-DSI bezeichnen sollte, sondern das ganze Kapitel dem verschollenen Buche des sagenumwobenen Kaisers der Vorzeit HUANG-DI entnommen sein sollte, so ist durch die Aufnahme dieses Kapitels in die Sammlung der Sprüche des LAU-DSI klar, daß das Ich hier zugleich für LAU-DSI gelten soll.[42] Diese Auffassung war denn auch in der dauistischen Überlieferung stets lebendig. Die Bezeichnung *Scheng-jën* gilt also im übertragenen Sinne für jeden Menschen, dem die Gnade der Heiligung und der Auftrag des Himmels zuteil wird.

1. Der souveräne Kaiser und Mittler zwischen Gott und Menschen besitzt in seiner einzigartigen Stellung einen Sichtwinkel, von dem aus die Beurteilung der Menschen nach anderen Maßstäben als denjenigen der landläufigen Moral erfolgen muß. Das hat jedoch nichts mit Zy-

nismus zu tun, vielmehr zeigt der Vergleich mit dem Wirken von Himmelsgott und Erdgöttin, den LAU-DSI zieht, daß die Maßstäbe göttlicher Art sind, also das Gegenteil von zynischer Skrupellosigkeit. Die Gesichtspunkte sind so übergeordnet, daß zwar ein Konflikt zwischen Macht und Moral vorhanden ist, nicht aber zwischen Macht und heiligem Ethos göttlicher Weltüberlegenheit. Das Wirken von Himmelsgott und Erdgöttin geht auf das Gute; nur insoweit als die zehntausend Wesen diesem Sinn ihrer Existenz nachleben, sind sie für den Weltzusammenhang vom göttlichen Gesichtspunkt aus wertvoll. Demgemäß müssen hier andere Maßstäbe als diejenigen von Gut und Böse in der Menschenwelt gelten.

> Himmelsgott und Erdgöttin sind nicht menschlich,
> Sie betrachten die zehntausend Wesen als Strohhunde[43],
> Der Heilige ist nicht menschlich,
> Er betrachtet die hundert Sippen als Strohhunde.
> Der Zwischenraum zwischen Himmel und Erde
> Gleicht einem Blasebalg:
> Leer – fällt er nicht zusammen,
> Bewegt – bringt er immer mehr hervor!
> Viele Worte zählen als Verarmung,
> Besser ist's, die Mitte (und damit den wahren Gehalt) zu wahren.
> *(Kap. 5)*

2. Die Übertragung der Amtsidee des kaiserlichen Priesterkönigs auf den berufenen Heiligen führt sinngemäß

zur Darstellung einer Reihe gleicher Eigenschaften bei beiden. Die Stufe der Selbstlosigkeit und Ichüberlegenheit war die Vorstufe zur weltüberlegenen Souveränität. Eben diese Selbstlosigkeit wird daher mehrfach auch beim berufenen Heiligen betont. Sie gehört mit zur Weltüberlegenheit gegenüber der Menschenwelt der Gegensätze. Die Bescheidenheit, die Zurückhaltung, das Unmerkliche des Wirkens, das »Nichttun«, d. h. das Nichteingreifen, gehören zu der Haltung des Berufenen. Er wirkt durch sein Sosein, nicht durch sein Tun.

Der Kaiser der Vorzeit YAU soll im Wagen mit seinem Seneschall durch das Land gezogen sein – eine feste Residenz gab es damals noch nicht – und auf dem Felde einen Bauern haben singen hören:

> Die Sonne geht auf, und ich gehe an die Arbeit,
> Die Sonne geht unter, und ich gehe zur Ruhe.
> Ich grabe einen Brunnen und habe zu trinken,
> Ich pflüge ein Feld und habe zu essen.
> Der Kaiser – was bedeutet der mir?

Da soll sich Kaiser YAU zu seinem hinter ihm sitzenden Seneschall umgedreht und lächelnd gesagt haben:

> Meine Regierung muß doch nicht ganz schlecht sein,
> Sonst wäre ich diesem Bauern nicht so vollkommen gleichgültig.

Chinesische Staatsauffassung war von jeher die, daß diejenige Verwaltung die beste sei, die so wenig eingreife, daß man gar nicht merke, daß sie vorhanden sei. Diese

Auffassung war durch alle Jahrtausende gültig, solange es eine Kaiseridee gab. Welcher Unterschied zu den verschiedenen Staatsideen der abendländischen Geschichte!
Diese selbstlose Selbstverleugnung des Kaisers, in der er *Dau* gleicht, ist daher eine der wichtigsten Haltungen des berufenen Heiligen. Nur der subalterne Mensch ist ehrgeizig, der souveräne nicht, er wahrt die »Mitte«.

> Der Himmelsgott ist langlebig, die Erdgöttin langdauernd.
> Daß Himmel und Erde lange zu leben und zu dauern vermögen,
> Ist, weil sie nicht sich selbst leben.
> Nur darum vermögen sie so lange zu leben und zu dauern.
> Also der Heilige:
> Entschwindend offenbart er sich,
> Sich verschwendend bewahrt er sich.
> Ist es nicht, weil er selbstlos ist?
> Eben darum vermag er sein Selbst zu vollenden.
> *(Kap. 7)*

Von den Kaisern der Vorzeit sagt ein geflügeltes Wort: »Sie blickten nach Süden und die Welt kam von selbst in Ordnung«, d. h. sie griffen nicht ein, sondern hielten sich in der Achse der Welt, die vom Nordpol des Himmels, dem Thronsitz des »Herrn in der Höhe«, nach Süden führt. In diese Achse und Blickrichtung war der Kaiser durch seinen Auftrag als Sohn des Himmels gestellt. Hielt er sich an diese Achse der Welt, d. h. kam er seinen heiligen Pflichten dem Himmel gegenüber nach, dann war er Vorbild und wirkte, ohne zu handeln. Darum hatte er auch nicht nötig hervorzutreten. Gerade seine Zurückhaltung war seine anziehende Größe. Darum sagt LAU-DSI vom »Heiligen«:

Er hegt die höchste Einheit
Und wird der Welt Vorbild.
Er zeigt sich nicht, daher sein Licht,
Er stellt sich nicht dar, daher sein Glanz,
Er streitet nicht für sich, daher sein Erfolg,
Er prahlt nicht mit sich, daher seine Größe.
(Kap. 22)

Er greift nicht ein,
Darum zerstört er nicht;
Er greift nicht zu,
Darum verliert er nichts...
Er begehrt das Nichtbegehren,
Er verachtet schwer erlangbare Güter,
Er lernt die Nichtgelehrtheit.
Er wendet sich zu dem,
Woran alle Menschen vorbeigegangen sind.
Er stützt das Sosein der zehntausend Wesen
Und wagt nicht einzugreifen.
(Kap. 64)

3. Die hohe Gesinnung dieser Stufe des Heiligen spricht sich aber nicht nur in der Zurückhaltung, sondern auch positiv in der Güte zu allen Menschen aus. So wie *Dau,* die Göttin-Mutter, der heimatliche Penatenschrein der Welt ist und die Guten und die Nichtguten zu sich heranzieht, niemanden verwirft und den Sünder errettet, also

handelt auch der Heilige, der dies ja an sich selber erfahren hat:

> Guter Wanderer hinterläßt nicht Gleis noch Spur,
> Guter Redner kennt nicht Stocken noch Stottern,
> Guter Rechner bedarf nicht des Rechenstabes noch der Tafel,
> Guter Schließer braucht nicht Riegel noch Bolzen,
> Und doch kann niemand öffnen.
> Guter Binder benötigt nicht Strick noch Schnur,
> Und doch kann niemand lösen.
> Also ist der Berufene immer willig, den Menschen zu helfen,
> Darum gibt es für ihn keine verstoßenen Menschen.
> Immer willig sein, den Wesen zu helfen,
> So daß es für einen keine verstoßenen Wesen gibt,
> Das heißt: sich erbmäßig kleiden in Erleuchtetheit.
> So sind die guten Menschen
> Der Nichtguten Lehrer,
> Und die Nichtguten
> Der Guten Stoff.
> Wer seinen Lehrer nicht wert hielte,
> Wer seinen Stoff nicht liebte,
> Der wäre trotz allem Wissen sehr verblendet!
> Das ist ein wesentliches Geheimnis.
> *(Kap. 27)*

Dies spricht LAU-DSI noch deutlicher aus in folgenden

Worten, die seine ethische Anschauung weit über die anderer chinesischer Richtungen, wie etwa die des KONFUZIUS, erhebt, schließt sie doch in sich, daß die Güte entsprechend der göttlichen Urkraft *(Dê)* sich gegenüber den Menschen ohne Rücksicht auf Gegenseitigkeit auswirken soll.

Der Heilige hat kein übliches Herz,
Er betrachtet der hundert Sippen Herz als das seine.
Zu den Guten bin ich gut,
Zu den Nichtguten bin ich auch gut,
– Urkraft *(Dê)* ist Güte!
Zu den Treuen bin ich treu,
Zu den Nichttreuen bin ich auch treu,
– Urkraft *(Dê)* ist Treue!
Der Heilige lebt in der Welt ganz eingezogen,
Aber macht sein Herz weltweit.
Die hundert Sippen richten sämtlich auf ihn Ohr und Auge,
Der Heilige behandelt sie alle mit lächelnder Güte.
(Kap. 49)

Diese heilige und weltüberlegene Gesinnung hatte ihre Vorbereitung, wie wir sahen, auf der sechsten Stufe in der Findung des *Dau* als der eigenen Mutter und in der Erkenntnis der eigenen Kindschaft und der Kindschaft aller Menschen gegenüber *Dau*. Durch diese innere Erfahrung war LAU-DSI aus der Verstricktheit in die Welt und in das Ich herausgenommen. So wie das Kind noch nicht, so ist der Heilige nicht mehr verstrickt, sondern lebt von einer anderen Ebene, der göttlichen, her. Weltüberlegenheit ist ihm daher zugleich Überlegenheit über das Schicksal. Dies alles war angebahnt, wie wir sahen, durch die Erfahrung der Kindschaft:

Schließt man die Ausgänge der Sinne
Und macht ihre Eingänge zu (wie sie beim Kinde noch nicht geöffnet sind),
So bleibt man bis zum Lebensende ohne Mühsal (d. h. ohne vom Schicksal bedrückt zu werden).
(Kap. 52)

Die reinste Verkörperung des Ethos vom Range der Heiligkeit aber ist die uralte Idee des Priesterkönigtums: Mittler zu sein, nämlich Beauftragter Gottes gegenüber den Menschen und Stellvertreter der Menschen und Sühneopfer für sie vor Gott. Die vollkommene Güte erstrahlt im hellsten Lichte in der Gesinnung, den »Schmutz (d. h. die Schuld) des Landes« und das »Unheil des Landes« auf sich zu nehmen.

In der Welt gibt's Schmiegsameres und Zarteres
Nicht als das Wasser.
Aber im Angreifen des Harten und Starren
Gibt es nichts, was es übertreffen könnte.
Es gibt nichts, wodurch es zu ersetzen wäre.
Darum:
Biegsam besiegt Starr,
Zart besiegt Hart;
Jeder in der Welt weiß das,
Aber keiner kann danach handeln.
Daher hat ein Heiliger gesagt:

›Wer den Staub des Landes auf sich nimmt,
Der ist der Herr des Erdalters,
Wer des Landes Unheil auf sich nimmt,
Der ist der König des Weltreiches.‹
Wahre Worte sind oft widersinnig.
(Kap. 78)

Das eben ist die Paradoxie alles Göttlichen, das in die Welt eintritt, daß es nur im Gegensatz zu den üblichen menschlichen Meinungen sich offenbaren kann. Gerade die Aufnahme des Verachteten, des Schmutzes des Landes und des Verabscheutesten, des Unheils als göttliche Strafe für die Verfehlung gegen das Weltgesetz, gerade das nimmt der Heilige für andere auf sich. Darum aber ist er auch der doppelten Weihe als weltlicher König und als geistlicher Hoherpriester oder Herr des Erdaltars würdig. Als Mittler vereint er das Weltliche und das Geistliche, Erde und Himmel in seiner Person. Darum ist er weltüberlegen und heilig, ein wahrer »Sohn des Himmels«.

IX. Verbindung mit dem Himmel

Mit der Stufe der Weltüberlegenheit und Heiligung ist ein Gipfelpunkt menschlicher Reifung und Begnadung erreicht. Aber es gibt noch eine innigere Verbindung mit dem Göttlichen. In der kosmischen Hierarchie erheben sich über den königlichen Priester und Heiligen noch der Himmelsgott, der Vater des Himmelssohnes, (nebst der Göttin Erde) und darüber der jungfräulich-mütterliche Urgrund der Welt, *Dau,* die Führerin des Alls. Die Vereinigung des Heiligen mit diesen beiden höchsten Wesenheiten, die er sich zum Richtmaß nimmt, steht daher noch aus. Über diese kosmische Hierarchie sagt LAU-DSI:

> Die Führerin des Alls ist groß (d. h. unermeßlich),
> Der Himmelsgott ist groß (d. h. unermeßlich),
> Die Erdgöttin ist groß (d. h. unermeßlich),
> Der König ist auch groß (d. h. unermeßlich).
> Innerhalb der Weltgrenzen gibt es vier Große (d. h. Unermeßliche),
> Und der König ist deren einer.
> Des Menschen Richtmaß ist die Erde,
> Der Erde Richtmaß ist der Himmel,
> Des Himmels Richtmaß ist die Führerin des Alls,
> Der Führerin Richtmaß ist ihre eigene Natur.
> *(Kap. 25)*

1. Auf der zweiten Stufe von LAU-DSIS Weg durch die Welt hatte er in der »Stille« die Stufenfolge des Kreislaufes des Lebens und des Lichtes erschaut, auf der sechsten Stufe hatte er in der »Erleuchtung« die große Einheit in allen vier Weltgegenden aufleuchten sehen, nunmehr wächst er in die letzte Aufgipfelung, in die Hierarchie des Kosmos hinein. Der Heilige hat in dieser Rangordnung Erde, Himmel und letztlich die Natur des *Dau* als Richtmaß, d. h. des Menschen *Dau (Jën-dau)* wird umgewandelt durch das himmlische *Dau (Tiën-dau)*. Das ist die Verbindung mit dem Himmel, die Vergottung des Heiligen. Das *Dau* des Menschen ist sein natürliches Gehaben, seine »Aufführung«, um im deutschen Sprachbild die Grundbedeutung des Wortes *Dau* als Nomen des Verbums »Führung« anklingen zu lassen. Über das *Dau* des Menschen und das *Dau* des Himmels sagt LAU-DSI:

Die Aufführung des Himmels gleicht
dem Spannen eines Bogens:
Was hoch ist, wird heruntergebogen,
Was nieder ist, wird emporgebogen.
Wer Überfluß hat, der wird gekürzt,
Wer nicht genug hat, der wird aufgefüllt.
Es ist des Himmels Aufführung,
Die den, der Überfluß hat, kürzt
Und den, der nicht genug hat, auffüllt.
Die Aufführung der Menschen ist nicht so!
Sie kürzen noch die, die nicht genug haben,
Um es denen, die zu viel haben, darzubringen.
Wer aber vermag seinen Überfluß der Welt
darzubringen?
Nur wer Aufführung hat!
Also der Heilige:
Er wirkt, aber gibt nichts darauf,
Er schafft Verdienstliches, aber verweilt nicht
dabei:
Er will seine Vortrefflichkeit nicht zur Schau stellen.
(Kap. 77)

Aus der Erkenntnis dieser Aufführung des Himmels war ja auch die große Prophezeiung der Vorzeit geboren, die in der »Stille« LAU-DSI begeistert und erweckt hatte:

Verkrüppelt wird heil,
Krumm wird gerade,
Leer wird voll,
Verschlissen wird neu,
Geringer Besitz soll bekommen,

Großer Besitz soll erschrecken!
Darum der Heilige:
Er hegt die höchste Einheit
Und wird der Welt Vorbild...
Er streitet nicht für sich, daher sein Erfolg...
Eben weil er nicht streitet,
Kann keiner in der Welt mit ihm streiten.
(Kap. 22)

Eine neue Welt sieht LAU-DSI entsprechend der alten Prophezeiung kommen, und zwar so, daß der Heilige durch seine anspruchslose Vorbildlichkeit, die aus dem Besitz der großen Einheit mit dem *Dau* des Himmels stammt, die Welt auf den richtigen Weg führt, so daß auch sie die große Einheit findet und durch Anspruchslosigkeit die Gegensätze sich versöhnen und die Schäden verheilen. Daher war es jahrtausendelang chinesische Staatsweisheit, höchste Beamte und Volk zur Anspruchslosigkeit zu erziehen, da nur so die Welt heil wird.
Diese Anspruchslosigkeit ist wesentliches Merkmal der Aufführung des Himmels:

Haben und Füllen zugleich, – besser, das unterbleibt;
Streicheln und Stechen zugleich, – das kann nicht lange währen:
Füllen Gold und Edelgestein die Halle,
So vermag man sie nicht zu hüten.
Wer reich und geehrt, aber zugleich hochtrabend ist,
Zieht sein eigenes Unglück herbei.
Ist Verdienstliches vollbracht, der Ruhm gefolgt,

Und dann doch das Ich zurückgezogen, –
Das ist des Himmels Aufführung.
(Kap. 9)

2. Auf dieser Stufe aber offenbart sich ihm gleichzeitig auch das metaphysische Gefüge des Alls überhaupt. Zwar gibt es keine absolute Erkenntnis, keine *visio beatifica* auf Erden, diese ist dem sterblichen Menschen verschlossen. Das weiß LAU-DSI. Aber das, was über alle Begriffe ist, was »unbenennbar« ist, wie er sagt, enthüllt sich ihm, so weit es menschlicher Fassungskraft zugänglich ist. Dabei wird ihm auch die Weisheit der Vorzeit zum Ereignis, denn er erlebt gleich den alten Meistern die Wesenheit des *Dau* der Großen Göttin-Mutter:

Man schaut nach ihr und sieht sie nicht:
Darum wird sie farblos genannt.
Man lauscht auf sie und hört sie nicht:
Darum wird sie lautlos genannt.
Man tastet nach ihr und faßt sie nicht:
Darum wird sie gestaltlos genannt.
Diese dreie kann man nicht erfragen.
Darum mische sie, und du erhältst die Eine.
Ihr Oberes ist nicht licht.
Ihr Unteres ist nicht dunkel.
Wie endloser Faden, ach! man kann sie nicht benennen.
Sie kehrt wieder zurück zum Wesenlosen,
Das ist ihre gestaltlose Gestalt,
Ihre erscheinungslose Erscheinung.
Das ist das Dunkel, die Wirrnis!
Begegnet man ihr, sieht man nicht ihren Kopf,

Folgt man ihr, sieht man nicht ihren Rücken.
Hält man aber an der Aufführung des Altertums fest,
Um das Sein von heute zu lenken,
So vermag man der Urzeit Gebärerin zu erkennen:
Das ist der durchgehende Faden der Führerin des Alls!
(Kap. 14)

An anderer Stelle zitiert LAU-DSI einen Spruchdichter:

›Aufhellen des *Dau* scheint wie Dunkelwerden,
Eindringen in *Dau* scheint wie ein Zurückweichen,
Beruhigt werden durch *Dau* scheint wie ein Unruhigwerden,
Hochsein an Urkraft *(Dê)* scheint wie ein Tal,
Großsein an Reinheit scheint wie ein Mal,
Umfassendsein durch Urkraft scheint wie ein Ungenügen,
Gegründetsein in Urkraft scheint wie ein Schwanken,
Schlichtsein in Echtheit scheint wie ein Wanken. –
Unermeßliches Viereck ist ohne Ecken,
Unermeßliches Gefäß ist spät vollendet,
Unermeßlicher Ton ist unhörbarer Klang,
Unermeßliches Bild ist ohne Gestalt‹. –
Die Führerin des Alls ist verborgen, und unbenennbar,
Aber dennoch ist es die Führerin des Alls,

Die gut ist im Spenden und gut im Gestalten.
(Kap. 41)

Der Inhalt seiner Erkenntnis vom Aufbau der kosmogonischen Hierarchie war ihm schon früher offenbar geworden:

Die Führerin des Alls bringt die Einheit hervor (nämlich *Dê*),
Die Einheit bringt die Zwei hervor (nämlich Himmelsgott und Erdgöttin),
Die Zwei bringen das Dritte hervor (nämlich die vereinigende und zeugende Lebenskraft ihrer Liebe).
Die zehntausend Wesen tragen daher rückwärts das *Yin* (das Dunkle und Empfangende der Mutter Erde)
Und hegen vor sich das *Yang* (das Lichte und Schöpferische als Erbteil des Himmelsvaters).
Der verströmende Lebensodem (und seine zeugende Kraft) bewirkt die Vereinigung beider.
(Kap. 42)

Zwar ist die Große Göttin-Mutter weiblich, aber sie steht jungfräulich als Einheit über Himmelsgott und Erdgöttin, die sie durch ihre Urkraft gebiert. So ist sie übergegensätzlich die höchste Einheit allen Wirkens und aller Mannigfaltigkeit in Geschichte, Welt und Leben. Das ständige Werden dieser Welt als Werk aus dem Geiste und der Urkraft des *Dau* schaut LAU-DSI und spricht es in folgenden Worten aus:

Der weiten Urkraft Inhalt
Ist die Nachfolge der Führerin des Alls.
Daß die Führerin des Alls ein Wesen ist,
Das ist wirr und dunkel.
O Dunkel! O Wirrnis!
In ihrem Inneren gibt es Urbilder,
Ganz wirr und unklar!
In ihrem Inneren gibt es Urwesen,
Ganz verborgen und im Dämmer!
In ihrem Inneren gibt es Urkeime.
Diese Urkeime sind höchste Wirklichkeit.
In ihnen gibt es Gewißheit!
Von Alters her bis jetzt
Hat sie ihren Namen nicht geoffenbart,
So daß man die Entstehung des Alls erschaute.
Wodurch weiß ich die Art der Entstehung des Alls?
Eben durch sie.
(Kap. 21)

In dieser ständigen Kosmogonie offenbart sich ihm der unüberbrückbare Gegensatz zwischen dem Benennbaren und dem Unbenennbaren, zwischen dem sichtbaren Sein und dem Nichtsein. Aber das Nichtsein ist metaphysisch das Ein und Alles, das Wirkliche und Wirksame:

Wiederkehr ist die Bewegung der Führerin des Alls,
Zartheit ist das Wirken der Führerin des Alls.
Die Zehntausend Wesen in der Welt entspringen dem Sein,
Das Sein entspringt dem Nichtsein.
(Kap. 40)

Das Wesen des Nichtseienden veranschaulicht er in einem Gleichnis, das in Asien weit verbreitet ist und das einige Jahrhunderte später auch in den buddhistischen Fragen des gräkoindischen Königs Menandros auftaucht:

Dreißig Speichen treffen sich in der Nabe.
Auf dem Nichts daran beruht des Wagens Wirksamkeit.
Durch Tonkneten macht man Gefäße,
Auf dem Nichts darin beruht des Gefäßes Brauchbarkeit.
Durch Hohllassen von Türen und Fenstern macht man Häuser,
Auf ihrem Nichts beruht des Hauses Brauchbarkeit.
Darum:
Das Seiende ist zwar nützlich,
Das Nichts ist das Wirksame.
(Kap. 11)

Die Führerin, weil ewig, ist unbenennbar...
Gebiert sie die Gestaltung, so ist die Führerin des Alls benennbar.
Unsere Benennungen erreichen auch das Sein.
Aber man verstehe auch, wo man Halt machen muß.
Weiß man Halt zu machen, so kommt man nicht in Gefahr.
Das entspricht dem, wie die Führerin der Welt innewohnt:

Wie Flüsse und Bäche zu Strömen und Meeren werden.
(Kap. 32)

Alle diese Erkenntnisse faßt er zusammen in dem Spruch, der wie ein Prolog heute sein Büchlein eröffnet:

Die Führerin des Alls, wenn anführbar in Worten,
Ist nicht die ewige Führerin,
Ihr Name, wenn nennbar,
Ist nicht ihr ewiger Name.
Als Unbenennbare ist sie
Die Gebärerin des Himmelsgottes und der Erdgöttin,
Als Benennbare ist sie
Die Mutter der zehntausend Wesen.
Darum:
Nur wer stets wunschlos, erblickt ihr Feinstes,
Wer stets wunscherfüllt, erblickt nur ihre Außenbereiche.
Diese beiden sind eins,
Aber hervortretend verschiedenen Namens.
Ihre Einheit ist dunkel,
Das Mysterium der Mysterien,
Alles Feinsten Schoß.
(Kap. 1)

Das ist die reife Erkenntnis vom Gefüge der Welt und dem Wesen der Großen Göttin-Mutter, wie sie LAU-DSI auf der Stufe der »Verbindung mit dem Himmel« zuteil geworden ist.

3. Wie erkennt man nun des Himmels Aufführung? Da ist es nicht nötig, genügt aber auch andererseits nicht, den Ablauf der Welt mit dem leiblichen Auge zu betrachten, sondern man muß mit dem geistigen Auge den Sinn dieses Ablaufes als Wirksamkeit des Himmels in der Natur, der Geschichte und im eigenen Innern erfassen. Darum sagt LAU-DSI:

Nicht aus dem Tore gehend
Erkennt man die Welt,
Nicht aus dem Fenster spähend
Erschaut man des Himmels Aufführung.
Je weiter einer hinausgeht,
Desto geringer wird sein Erkennen.
Darum der Heilige:
Nicht hingehend erkennt er doch,
Nicht hinsehend benennt er doch,
Nicht handelnd gestaltet er doch.
(Kap. 47)

Was ist nun des Himmels Aufführung?

Des Himmels Aufführung ist:
Fördern, ohne zu schaden.
(Kap. 81)

Diese segensreiche Wirksamkeit des Himmels ist gewaltlos und doch unwiderstehlich:

Des Himmels Aufführung ist:
Er streitet nicht und versteht doch zu siegen,
Er redet nicht und versteht doch zu erwidern,
Er ruft nicht, und man kommt von selbst zu ihm,

In seiner Gelassenheit versteht er gleichwohl,
Pläne zu spinnen;
Des Himmels Netz ist sehr weitmaschig,
Es klafft, und doch verliert es nichts.
(Kap. 73)

Darum handelt der Mensch, der mit dem Himmel verbunden ist, folgendermaßen:

Guter Krieger ficht nicht,
Guter Kämpfer zürnt nicht,
Guter Feindbezwinger streitet nicht,
Guter Menschenverwender hält sich unten.
Das heißt die Kraft des Nichtstreitens,
Das heißt das Verfahren der Menschenverwendung,
Das heißt die Paarung mit dem Himmel, –
Der Vorzeit Höchstes!
(Kap. 68)

Diese »Paarung mit dem Himmel« ist die Verbindung mit dem himmlischen *Dau,* in der die göttlichen Eigenschaften der Wirksamkeit ohne Kampf und Handeln, des Förderns ohne zu schaden und der Vorbildlichkeit auf den Heiligen übergehen. Das »Kind«, der Seelenzustand der Stufe der »Allumfassung«, den LAU-DSI seinerzeit empfangen hatte, ist inzwischen ausgetragen und gereift, das »Kind« ist zum Heiligen geworden und tritt durch die Paarung mit dem Himmel vergottet in die nach Erlösung seufzende Welt: zu ihrem Heile, zu einer wahren *palingenesia,* d. h. zu ihrer Wiedergeburt aus dem Geiste des Himmlischen *Dau:*

Verkrüppelt wird heil!,
Wären das leere Worte?
Nein, wahrlich, heil soll alles werden und wieder hergestellt!
(Kap. 22)

So schaut LAU-DSI die Vollendung der Geschichte als Erneuerung der Welt durch *Dau*.

X. Vereinigung mit dem *Dau*

Nach der Paarung mit dem Himmel leuchtet für LAU-DSI auf seinem Wege noch eine letzte, höchste Begnadung auf, die Vereinigung mit der göttlichen Führerin des Alls, der er, im Grunde von ihr geführt, seit seiner »Rückkehr zur Wurzel« immer entgegengepilgert ist.
Die innige Beziehung, in der er zu der Großen Mutter als seiner Mutter steht, läßt ihn ihr göttliches Wesen und ihre Liebe wundersam erleben und aussprechen:

Die Führerin des Alls verströmt sich
Und bewirkt, daß man auch nicht gefüllt bleibt.
Wassertief ist sie: so ist sie wie der zehntausend Wesen Ahne;
Sie stumpft ihre Härten
Und entwirrt ihre Schlingen,
Sie sänftigt ihren Glanz
Und eint sich ihrem Staube.
Taufrisch! so scheint sie zu verharren.
Ich weiß nicht, wessen Kind sie ist,
Sie ist, scheint es, die Vorfahrin der Götter.
(Kap. 4)

Diese gleichnishaften Worte, die vom Bilde des Wassers hergenommen sind – Wassertiefe, Taufrische, Sichverströmen –, finden ihre Ausführung in einem Kapitel über das Wasser als Sinnbild der Güte:

Höchste Güte gleicht dem Wasser.
Des Wassers Güte ist,
Die zehntausend Wesen zu fördern, ohne zu schaden.
Es weilt an Orten, die alle Menschen verabscheuen.
Darum steht Güte der Führerin des Alls so nahe:
Beim Weilen gut der Erde,
Beim Erkennen gut der Wassertiefe,
Beim Geben gut der Menschlichkeit,
Beim Reden gut der Wahrheit,
Beim Herrschen gut der Ordnung,
Beim Arbeiten gut der Begabung,
Beim Bewegen gut dem Gleichmaß.
Eben weil sie keinen Anspruch erhebt,
erregt sie keine Zurückweisung.
(Kap. 8)

Die mütterlich helfende Liebe der höchsten Gottheit offenbart sich ihm und bewegt ihn:

Die große Führerin strömt über, ach!
Sie kann zur Linken und zur Rechten beistehen.
Die zehntausend Wesen stützen sich auf sie,
Um zu leben, und sie versagt sich ihnen nicht.
Ist ihr Werk gestaltet, nennt sie es nicht Haben.

Sie liebt und nährt die zehntausend Wesen
Und spielt nicht ihren Herrn.
Stets ist sie ohne Wunsch für sich,
So sollte man sie nennen: unbedeutend!
Aber die zehntausend Wesen kehren zu ihr ein
Und wissen nicht um ihr Herrentum.
So sollte man sie nennen: groß!
Also auch der Heilige:
Es kümmert ihn überhaupt nicht, sich selbst groß zu machen,
Darum vermag er seine Größe zu vollenden.
(Kap. 34)

1. Mit dieser liebenden Mutter vereint zu werden, das preist er als das Höchste. Das Wesen dieser *unio mystica* ist aber nicht etwa ein Zusammenfließen der Wesen, der Substanz, sondern die Gleichförmigkeit des Vollendeten und also Begnadeten im Willen mit dem der Großen Mutter, in einem Zusammenfall des Wirkens. Dies Mysterium preist er mit den gleichen Worten, mit denen er in Kapitel 4 die Eigenschaften und die Wirkungsweise der mütterlichen Gottheit geschildert hatte:

Wissender redet nicht,
Redender weiß nicht.
Man schließe die Ausgänge der Sinne
Und mache ihre Eingänge zu.
Seine Härten stumpfen
Und seine Schlingen lösen,
Seinen Glanz mäßigen
Und sich seinem Staube einen, –
Das heißt die mystische Vereinigung.[44]

Darum:
Wer diese hat, kann weder gewonnen werden durch Zuneigung
Noch auch durch Kälte,
Er kann weder gewonnen werden durch Vorteile
Noch auch durch Schaden,
Er kann weder gewonnen werden durch Ehrung
Noch auch durch Verachtung.
Darum ist er die Ehre der Welt.
(Kap. 56)

Der durch die mystische Vereinigung Begnadete ist somit der Wertung der Welt und ihrem Zoll von Ehrung oder Verachtung enthoben. Aber der durch die Liebe des göttlichen Urgrundes also Erhobene und im Willen Verwandelte entschwindet nicht dieser Welt, sondern neigt sich ihr wieder zu, um gleich *Dau* – und hierin besteht gerade das Wesen der *unio mystica* – »seine Härten zu stumpfen, seine Schlingen zu lösen, seinen Glanz zu mäßigen und sich seinem Staub zu einen«. Der Staub des *Dau* sind die Welt und ihre Kinder, die zehntausend Wesen. Der Welt der Menschenkinder neigt sie sich mütterlich zu. Der Staub des *Dau* ist auch der Staub für den Vollendeten, zu dem er zurückkehrt. Der größte Weise kehrt zurück und lebt still weiter wie andere Menschen, wie ein unerleuchteter Tor, als ob er nicht die höchste Begnadung erfahren hätte, als ob er die große Erleuchtung und Vereinigung nicht erlangt hätte. »Wissender redet nicht.« Schlicht lebt er, erfüllt vom großen Sinn der Welt, den kleinen Pflichten des Tages. So ist LAU-DSI lächelnd und gütig, sparsam ein seltenes Wort sprechend, als der weiseste Chinese seiner Zeit zu uns zurückgekehrt. Der

Kreislauf des Lebens hat sich für ihn geschlossen. Seine Berufung und Bestimmung ist erfüllt.[45]

2. Er selbst steht ja woanders, er steht so fest im metaphysischen Zusammenhang, daß für ihn die Ewigkeit persönlicher Unsterblichkeit und ihr Heil gewiß sind. Zwar kehren nach chinesischer Anschauung die bewußte Geistseele aller Menschen nach dem Tode zum lichten *Yang* des Himmels zurück und ihre unbewußte Körperseele mit dem Leibe zur Mutter Erde, zum dunklen *Yin*. Dort leben sie zwar nach dem Tode noch eine Zeitlang weiter, aber allmählich lösen sie sich im *Yang* und im *Yin* auf. Doch der zu so hoher Begnadung Gelangte hat metaphysisch Unzerstörbarkeit gewonnen. Darum sagt LAU-DSI:

> Vereint mit *Dau,* alsdann von Dauer –
> Und untergehenden Leibes ist man nicht gefährdet.
> *(Kap. 16)*

Denn in der Vereinigung mit der Großen Göttin-Mutter ist sein Wesen endgültig verwandelt, ihr gleich geworden, nämlich: sein Wille durch Genügsamkeit ihr gleich (Kap. 24), sein Geist den Sinneseindrücken nicht unterworfen (Kap. 52), sein Wesen woanders stehend als in der Welt der Erscheinungen, daher nicht verwundbar (Kap. 50) und durch den Besitz der Mutter, d. h. die Vereinigung mit ihr, von ewiger Dauer (Kap. 59).

3. Ethisch aber hat LAU-DSI die Stufe edelster menschlicher Haltung erreicht, die ihm als Altersreife und

Begnadung durch *Dau* zuteil geworden ist. Er beschreibt sie mit Worten, die wir gleichsam als das Testament seiner Lebensanschauung ansehen können. In diesen Worten leuchtet uns das Antlitz des alten Meisters selber entgegen. Aber es trägt die Züge des verschleierten Antlitzes der Großen Göttin-Mutter, des Ewig-Weiblichen der Gottheit: Güte – Genügsamkeit – Zurückhaltung.

> Alle in der Welt betrachten mein *Dau*[46] als zu groß,
> Gleich als ob es aus der Art geschlagen wäre.
> Eben weil es groß ist,
> Darum ist es gewissermaßen aus der Art geschlagen,
> Wenn es herkömmlich wäre,
> Längst wäre es haardünn[47] geworden!
> Ich habe drei Schätze,
> Die ich bewahrend hochschätze;
> Der erste heißt: Güte,
> Der zweite heißt: Genügsamkeit,
> Der dritte heißt: Scheu, in der Welt voranzustehen.
> Es ist die Güte, durch die man heroisch leben kann,
> Es ist die Genügsamkeit, wodurch man breit leben kann,
> Es ist die Scheu, in der Welt voranzustehen,
> Wodurch man zum Gefäß[48] der Ewigkeit werden kann.
> Will man aber heutzutage ohne Güte doch heroisch leben,

Ohne Genügsamkeit doch breit leben,
Ohne zurückzustehen doch voranstehen –
Das ist der Tod!
Hat man Güte, so gewinnt man im Streite den Sieg
Und bei der Verteidigung Unüberwindlichkeit!
Wen der Himmel retten will,
Den bewahrt er durch Güte![49]
(Kap. 67)

SCHOPENHAUER hat einmal gesagt: »Wie Fackeln und Feuerwerk vor der Sonne blaß und unscheinbar werden, so wird Geist, ja Genie und ebenfalls die Schönheit überstrahlt und verdunkelt von der Güte des Herzens. Wo diese in hohem Grade hervortritt, kann sie den Mangel jener Eigenschaften so sehr ersetzen, daß man solche vermißt zu haben sich schämt. Sogar der beschränkte Verstand, wie auch die groteske Häßlichkeit werden, sobald die ungemeine Güte des Herzens sich in ihrer Begleitung kundgibt, gleichsam verklärt, umstrahlt von einer Schönheit höherer Art, indem jetzt aus ihnen eine Weisheit spricht, vor der jeder verstummen muß. Denn die Güte des Herzens ist eine transzendente Eigenschaft, gehört einer über dieses Leben hinausreichenden Ordnung der Dinge an und ist mit jeder anderen inkommensurabel.«
Wir mögen für LAU-DSI hinzufügen: Wenn schon die »transzendente Eigenschaft« der Güte durch einen beschränkten Verstand hindurch als »eine Weisheit spricht, vor der jeder verstummen muß«, wieviel mehr noch, wenn sie durch einen »Geist« im eigentlichen Sinne, d. h. einen göttlichen Genius wie LAU-DSI und

seine souveräne und abgründige Art des Schauens hindurch spricht. Hier sind Güte und Weisheit eins wie in der *sophia*, dem mütterlichen Urgrund des Alls. Und dies ist das echte Kennzeichen der *unio mystica*.

Schlußbetrachtung

Als Vollendung allen Lebens wird dem vollkommen erleuchteten LAU-DSI als einem »Wissenden« die »mystische Vereinigung« zuteil, und diese in der völligen Ebenbildlichkeit des menschlichen Sichgebens mit dem Wesen der göttlichen Weltenmutter. Dadurch konnte er im Sinne des Himmels, der »fördert, ohne zu schaden«, seinen Auftrag als Berufener erfüllen, nämlich: »Wirken, ohne zu streiten«:

Wahre Worte sind nicht schön,
Schöne Worte sind nicht wahr.
Tüchtiger redekünstelt nicht,
Redekünstler ist nicht tüchtig.
Weiser ist nicht gelehrt,
Gelehrter ist nicht weise.
Der Berufene sammelt nicht an:
Je mehr er für andere tut,
Desto mehr hat er!
Je mehr er anderen gibt,
Desto reicher ist er!
Des Himmels *Dau* ist: Fördern ohne zu schaden,
Des Berufenen *Dau* ist: Wirken ohne zu streiten.
(Kap. 81)

Mit diesem Spruch schließt LAU-DSIs Buch. Wir haben LAU-DSI auf seinem Gang durch Seele, Geschichte und Welt begleitet. Die große Pilgerschaft ist zu Ende. Ein überaus reiches Bild entrollte sich in den Worten dieses großen Menschen und Vaters der chinesischen Mystik. Gemäß unserem Grundsatz, zunächst einmal LAU-DSI durch LAU-DSI zu verstehen und zu erklären, sind wir von seiner Schau des Weges der Reifung und des Heiles im sechzehnten Kapitel ausgegangen. Behutsam tastend haben wir die verschiedenen Kapitel seines Buches, soweit sie zum Thema dieses Weges gehören, auf die zehn Stichworte und Formulierungen der Stufen zu verteilen versucht. Eine Reihe von Sprüchen, die allgemeineren Charakter haben und sich auf mehrere Stufen beziehen, haben wir mehrfach angeführt. Bei der Zuteilung der Kapitel auf die einzelnen Stufen des Weges haben wir uns auch von den Auffassungen und der Unterrichtsweise der Überlieferung des lebendigen Dauismus im heutigen China leiten lassen, durch dessen Meditationsschule wir gegangen sind. Immer wieder half uns auch der Vergleich mit der Mystik anderer Religionen. Nicht zuletzt wird bei der Zuteilung der Sprüche zu den einzelnen Stufen vieles vom persönlichen Urteil und von den persönlichen Erfahrungen abhängen. Wir glauben aber in der Verbindung dieser interpretatorischen Zugänge LAU-DSIs Lehre vom Weg des Menschen durch Seele, Geschichte und Welt in seinem Sinne erschlossen zu haben.

Uns selbst aber mögen wir noch folgendes sagen: Erschütternd mag manches Wort dieses Heiligen und wahrhaften Priesterkönigs der Vorzeit an unser Ohr klingen. Vergessen wir nicht, daß auf der einen Seite alle Bilder und Gedankengänge chinesische Prägung tragen, wir aber als Abendländer eine andere geistesgeschichtliche Überlieferung unser eigen nennen. Doch gleichwohl sind die Worte LAU-DSIs von solcher Tiefe und Klarheit, daß sie weit über ihre geschichtliche Gebundenheit hinaus Bedeutung haben: das Ewige, das durch ihn spricht, offenbart sich selbst in seiner zeitlosen Gültigkeit.

Zum Schluß möchten wir als Parallele zum Weg LAUDSIS wenigstens skizzenhaft ein Beispiel aus der indischen Geschiche anführen, das zugleich den Weg des Menschen und einer ganzen Nation zeigt.

Nach dem Untergang des alten Brahmanismus herrschte in Indien der Buddhismus. Er hatte langsam fast ganz Indien zu sich bekehrt. Auch diese Religion, dieser »Protestantismus« und »Puritanismus« indischen Wesens hatte seine Kräfte endlich erschöpft, er bot dem inneren Menschen, der »Seele« des Menschen nichts mehr, nur noch dem bewußten Verstand. Nachdem so alles Große der Tiefe der Vorzeit unwirksam geworden war, brach auch das äußere Unglück herein. Zur selben Zeit, als die einen Stämme der Hunnen nach Europa zogen, brachen die Stämme der Weißen Hunnen in Indien ein, errichteten dort ihre Reiche und zertrümmerten die morsch gewordene indische Kultur. In dieser großen nationalen Katastrophe besann sich das indische Volk mit gesundem Instinkt auf sich selber und kehrte zur »Wurzel« zurück. Nun kamen die großen Restauratoren, die die Weisheit der Väter der Vorzeit wieder zum Leben erweckten, und das Volk verfiel den historischen Ahnen und versuchte das wiederherzustellen, was vor Jahrtausenden in Geltung gewesen war. Dabei aber geriet man mit dem Leben in Konflikt, man sah ein, daß man nicht ein Mensch sein konnte, der vor Jahrtausenden gelebt hat, sondern daß man die Aufgabe der Stunde, des Hier und Jetzt zu erfüllen hatte. Und da ging der indische Mensch noch einen Schritt tiefer und er begegnete der Großen Göttin-Mutter, die alle wieder in ihren Schoß und ihre »Kirche« aufnimmt. Es erlosch der Buddhismus, und ganz Indien, mit Ausnahme von wenigen Restgemeinden auf Ceylon, ganz Vorderindien, wurde wieder brahmanistisch – natürlich ein späterer hinduistischer, sozusagen »nachtridentinischer« Brahmanismus. Die dritte Stufe, die Begegnung mit dem einen Sinne der Welt, hat Indien, die Nation als solche, nicht erreicht: nämlich nun selber »berufen« und ergriffen vom übergegensätzlichen Sinne zu sein. Wie ungeheuer schwer das Schicksal eines einzelnen, das Schicksal eines Volkes auch ist, und wie es doch keinen anderen Weg gibt als hindurchzugehen bis zur tiefsten Tiefe, aber wissend zu sein, das mag man am Beispiel der indischen Geschichte ermessen.

Der einzelne, der auf dem Wege ist – wie seine Nation –, mag, worin LAU-DSI sein eigenes Lebensgefühl zusammenfaßt, sprechen:

> Der Heilige hat kein übliches Herz,
> Er betrachtet der hundert Sippen Herz als das seine.
> Zu den Guten bin ich gut,
> Zu den Nichtguten bin ich auch gut,
> – Urkraft *(Dê)* ist Güte!
> Zu den Treuen bin ich treu,
> Zu den Untreuen bin ich auch treu,
> – Urkraft *(Dê)* ist Treue!
> Der Heilige lebt in der Welt ganz eingezogen,
> Aber macht sein Herz weltweit.
> Die hundert Sippen richten sämtlich auf ihn Ohr und Auge,
> Der Heilige behandelt sie alle mit liebender Güte.
> *(Kap. 49)*

So scheint LAU-DSI als ein in allen Richtungen des Seins vollkommener chinesischer Typus von persönlichstem Eigenwert und zugleich allgemeinster Bedeutung. Er hat als großen Hintergrund die geschichtliche Überlieferung, auf die er sich beruft, aus der er stammt; er hat die Breite und Menschenliebe der Seele, weil er nichts für sich selbst will, und er hat die Tiefe des Geistes, die von dem Untergrund des Seins erfüllt ist. Ein reines Ethos, Erleuchtung und Verbundenheit in der göttlichen Mutter sind ihm auf diesem Weg zuteil geworden, und die Ausmaße seines Wesens sind weit über irdisches Maß hinausgewachsen. Seine Persönlichkeit strahlt machtvoll aus, ohne Wirkung im Auge zu haben. So gleicht er in allen seinen Seiten und in seinem Wirken dem *Dau,* das seines innersten Wesens Heimat – Urquell, Lebenskraft und Einkehr – ist. Und darum dringt der abgründige Sinn seiner Worte über die Jahrtausende hinweg noch heute an Chinas Herz, an das Ohr der Welt.

Wiedergabe der chinesischen Laute

b, g, d	sind wie z. T. im Oberdeutschen stimmlos zu sprechen (von Franzosen und Engländern daher mit *p, k, t* wiedergegeben).
p, k, t	haben im Anlaut wie im Hochdeutschen ein deutlich hörbares h hinter sich (französische und englische Umschreibung daher *pʻ, kʻ, tʻ*).
y	wird wie deutsches j gesprochen.
j	der Umschreibung wird gesprochen wie ein Mittellaut zwischen französischem j und gerolltem r. Ähnlich klingt *rh* im Auslaut (nur in der Silbe *êrh* vorkommend).
h	klingt vor i und ü wie ch in »ich«, vor den anderen Vokalen wie ein sehr starkes h oder wie ch in »sch«.
s	(nur im Anlaut vorkommend) ist stets scharf und stimmlos.
e	ist in geschlossener Silbe vor n oder ng dumpfes kurzes e wie in »haben«.
ë	entspricht kurzem offenem ä.
ê	ist kurzes offenes ö.
ï	(nur in offener Silbe vorkommend) ist dumpfes kurzes e wie in »haben«.
o	ist kurzes offenes o.
au	klingt wie deutsches au (französisch oder englisch *ao* umschrieben).
ei	klingt wie langes geschlossenes e mit kaum hörbarem nachklingendem i.
ou	klingt wie langes geschlossenes o mit kaum hörbarem nachklingendem u.

Steht zwischen dem anlautenden Konsonanten und *a* oder einem mit *a* beginnenden Diphthong ein *i* oder *u*, so ist dieses halbkonsonantisch, fast wie deutsches j bzw. w zu sprechen. Das gleiche gilt für das *i* in *ie, iu* und das *u* in *ui* oder *uei*.

Anmerkungen

1 Vgl. unten S. 50.
2 FORKE, Alfred: Geschichte der alten chinesischen Philosophie, Hamburg 1927 [^{2}1964].
3 So etwa, wie man einen Rohstoff behandelt, um aus ihm nach eigener Willkür erst etwas zu formen.
4 Die sich in Polaritäten bewegen.
5 Lesart *Gin* »vor Angst oder Scham den Mund nicht auftun«.
6 Lesart *Tso.*
7 Lesart *Pei.*
8 Lesart *Do.*
9 Gegenüber den Extremen der Geschöpfe.
10 HAAS, Willy: Die Seele des Orients, Jena 1916.
11 Mysterium der Wandlung. Der Weg zur Vollendung in den Weltreligionen. Darmstadt 1923.
12 Ich benutze vom späteren Dauismus her *cum grano salis* die mythischen Bezeichnungen *Yin* und *Yang*, um LAU-DSIS Weg (entsprechend seinem Hervorgehen aus einer halbmythischen Kultur) nicht mit rationalen Begriffen des neuzeitlichen Abendlandes von vornherein in ein einseitiges mythosfernes Schema pressen zu müssen.
13 Lesart *Tsê.*
14 Lesart *Pu* oder *Po.*
15 Lesart *Wang.*
16 Aber die führende Schicht hat Liebe zum Volk:
Daher der Berufene –
Versteht es immer gut, die Menschen zu retten,
Darum gibt es für ihn keine verstoßenen Menschen.
Er versteht es immer gut, die Wesen zu retten,
Darum gibt es für ihn keine verstoßenen Wesen.
Das heißt: sich kleiden mit Klarheit.
So sind die guten Menschen
Der Nichtguten Lehrer,
Und die nichtguten Menschen
Sind für die Guten Stoff.
Ehrte man nicht seine Lehrer
Und liebte man nicht seinen Stoff,
So wäre man trotz Wissens sehr verblendet.

Das ist ein wesentliches Geheimnis.
(Kap. 27)

17 ERKES, Eduard: Die Anfänge des Taoismus, Sinica 1928, S. 125.

18 chin. *Miën-miën.*

19 chin. *Yung dschï.* Wohl hier prägnant gebraucht wie *Yung* in Kap. 40 »Zartheit ist das Wirken des *Dau*«.

20 chin. *Schï* »Anfang«. Alte Schreibung: »Frau« + »schwanger« (Embryo über Vagina?).

21 chin. *Hi-hi.* Ein Ausdruck, der auch von der Freude und dem Lachen des Donnerdrachen und der Menschen des goldenen Zeitalters (DSCHUANG-DSI, Kap. 9) gebraucht wird.

22 chin. *Bo,* gebraucht vom »Still-vor-Anker-liegen«, Nichtweiter-Können der Schiffe, solange der Hauch des belebenden Windes fehlt. Vorne mit »Wasser«, hinten mit *Bo* (weiß, vergeblich) geschrieben.

23 Lesart *Tscheng* »fahren«.

24 chin. *I,* vorne mit »gehen« geschrieben.

25 chin. *Hun,* mit dem Zeichen der »Abenddämmerung« geschrieben.

26 chin. *Men,* geschrieben »Herz« in *Men* (Tor, Tür). Ausdruck für »bedrückte Stimmung«. Vgl. auch *Men* als Ausdruck für »Aufsetzen« einer Kopfbedeckung.

27 Lesart *Hu.*

28 Lesart *Piau,* vom Wasserwirbel gebraucht.

29 Andere Lesart: *Kiu yang yü mu* »Nahrung zu suchen bei der Mutter«.

30 chin. *Hiung* »Hahn, Vogelmännchen, Held«.

31 chin. *Tsi* »Henne, Vogelweibchen, nachgiebig«.

32 chin. *Ki* »Sturzbachklamm, Wasserschlucht«, hinten mit »Tal«.

33 Der »Ungrund« *(Wu-gi),* der noch tiefer und ursprünglicher ist als der »Ungrund« *(Tai-gi),* ist vorgegensätzlich in Bezug auf »Weiße« und »Schwärze«, lichtes *Yang* und dunkles *Yin.* Wenn der Mensch diesem »Urgrund« durch Übergegensätzlichkeit gleicht, wird er zum Vorbild des Erdkreises.

34 Das »Rohholz« birgt vor der Bearbeitung noch die Möglichkeiten zu »glanzvoller, blühender« Form einerseits und zu »unvorschriftsmäßiger, unvollkommener« Form andererseits. Die eigenartige vorklassische Sprache des LAU-DSI ist von besonderer Kraft, insbesondere durch Bevorzugung der die Sinneseindrücke wieder-

gebenden gegenständlichen Bezeichnungen an Stelle der Abstrakta. Man darf daher im Deutschen nicht mit abstrakten Begriffen übersetzen, wie z. B. »Einfachheit«, statt »Rohholz«. LAU-DSI spürte noch deutlich den bildhaften Gehalt der Worte.

35 Es ist zu vermuten, daß die zitierten Sprüche 18, 19 und 20 Anfang, die bei HO-SCHANG-GUNG untergeteilt und getrennt erscheinen, von LAU-DSI als Ganzes komponiert worden sind.

36 chin. *Dsai* »aufladen«; vorn unten mit »Wagen« geschrieben.

37 chin. *Ying* »Soldatenlager« (mit Wachtfeuern), »planen, Geist«.

38 chin. *Po,* geschrieben mit »Dämon«, dann *Bo* (»weiß«). Ausdruck für die animalische Seele.

39 Lesart hinter sämtlichen sechs Sätzen die – hier fragende – Partikel *Hu.*

40 Vgl. ERKES, a.a.O.

41 Die eine Lesart *Hai* »Kind«: »Er behandelt sie alle als seine Kinder.« Die andere Lesart mit Sinndeuter »Mund« vor *Hai* bedeutet: »lächeln«: »Er behandelt sie alle lächelnd, d. h. mit lächelnder Güte.«

42 Es gibt siebenundzwanzig Sprüche, in denen LAU-DSI von dem »Heiligen« oder dem »Berufenen« spricht. Eine Reihe von Kommentaren erklärt, LAU-DSI habe sie – unverändert oder verändert – dem sagenhaften, sonst nicht erhaltenen Buche *San-fen-wu-dien* des mythenumsponnenen Kaisers HUANG-DI vom Ende des dritten Jahrtausends v. Chr. entnommen. Daß älteres Spruchgut hier vorliegt (von bestimmten Versen der Kapitel 57 und 78 wird ausdrücklich gesagt: »Darum hat ein Berufener gesagt…«), ist möglich. Daß die Überlieferung der Worte bis zu dem sagenhaften Herrscher HUANG-DI hinaufreiche, ist mindestens mit allerhand Einschränkungen zu versehen. Diese siebenundzwanzig Kapitel seien, so meinen diese Kommentare – neben anderen, die wesentlich über Staat und Gesellschaft handeln –, von LAU-DSI besonders an die Adresse des Kaisers ausgewählt worden und hätten ein mahnendes Bild für die ideale Gestalt des Herrschers aufstellen wollen, sie richteten sich also nicht an die Adresse jedes Menschen, der die Vollkommenheit als Heiliger erstrebe. Tatsächlich handelt eine Reihe dieser Sprüche wesentlich unter Voraussetzungen, die ganz oder in einzelnen Sätzen nur für die oberste Regierung des Reiches passen und nicht ohne weiteres für den Heiligen im geistigen Sinne

des souveränen Menschen Geltung haben können (nämlich die Kapitel 3, 5, 26, Nachspruch zu 28, 29, 57, 58, 60, 63, 73), die meisten aber zielen lediglich auf das Wesen des »heiligen Menschen« ab und sind daher sowohl für den idealen Kaiser wie für den weltüberlegenen Menschen bestimmt (Kap. 2, 7, 16, 22, 27, 34, 47, 49, 64, 66, 70, 71, 72, 77, 78, 79, 81). Bei zweien spricht der Verfasser selbst (und zwar Kapitel 49 und 70). Das »Ich«, das hier spricht, wäre also in diesen beiden Sprüchen, wie diese Kommentare wollen, nicht etwa LAU-DSI selbst, sondern der Kaiser der Vorzeit HUANG-DI, der die Menschen die Formen der Religion lehrte. Gegen eine so hohe Datierung liegen sprachgeschichtliche Bedenken vor, es sei denn, man nehme an, LAU-DSI habe die Sprache der Vorzeit in die Sprache seiner Zeit umgegossen (oder sogar aus der Tai-Sprache des Tschu-Volkes des HUANG-DI ins Hochchinesische übersetzt). Auch allgemeine Bedenken historischer Art erheben sich gegen eine so hohe Datierung der beiden Kapitel, die gleichen, die überhaupt gegen die Hypothese des HUANG-DI-Buches sprechen. Wir nehmen als einfachste Lösung an, LAU-DSI spreche hier selbst unter gelegentlicher Verwendung alten Spruchgutes.

43 Die beim Opfer aufgestellt und dann weggeworfen werden.

44 *Hüang-tung* »die mystische Vereinigung«.

45 Die Lehre des LAU-DSI, daß derjenige, dem die »mystische Vereinigung« zuteil geworden ist, sich wieder »mit seinem Staube eint« und so zur Welt zurückkehrt, ist auf die spätere Lehre und Entwicklung des Dauismus und auf die Lehren der buddhistischen Meditationssekte von großem Einfluß gewesen. Letztere hat den vier Abteilungen des Heilsweges BUDDHAS (Zucht, Meditation, Schau, Erlösung) als fünfte nach LAU-DSIS Vorbild die »Einung mit dem Staube« oder die »Rückkehr zu den Kohlen«, d. h. zum Alltag, hinzugefügt, also BUDDHA selber korrigiert.

46 Lesart *Dau* hinter *Wo* »mein, mich«.

47 chin. *Si*, geschrieben »Faden« + *Sin* »Schädeldach« (nur phonet.).

48 chin. *Ki* »Gefäß, Gerät, brauchbar«.

49 *Jën* (geschrieben »Mensch« + »Ziffer«): Verhalten der Menschen untereinander (wie es sein soll), »Menschlichkeit, Güte, Menschenliebe«.

Nachweis der zitierten Stellen des Dau-Dê-Ging

Nachwort

Erwin Rousselle wurde 1890 in Hanau geboren. Nach dem Studium in München, Heidelberg, Freiburg und Berlin wurde er in Heidelberg 1916 zum Dr. phil. und 1921 zum Dr. iur. promoviert. Nach der Habilitation erhielt er 1924 einen Ruf an die Universität Peking. Er lehrte dort bis 1929 Philosophie. Nach Deutschland zurückgekehrt, übernahm er als Nachfolger Richard Wilhelms die Leitung des China-Instituts Frankfurt. Seit 1931 war er Lehrbeauftragter für Sinologie und Vergleichende Religionswissenschaft an der Universität Frankfurt. 1935 wurde er zum apl. Professor ernannt. 1938/40 folgte ein weiterer Aufenthalt in China. Nach seiner Rückkehr wurde ihm von den Nationalsozialisten die Lehrbefugnis entzogen, 1942 mußte er die Leitung des China-Instituts niederlegen. Als bald darauf das volle Redeverbot erfolgte, zog er sich aus Sorge um seine und seiner Familie Sicherheit nach Eschenlohe in Oberbayern zurück. Er ist dort 1949 gestorben, ohne daß man ihn in Frankfurt rehabilitiert hätte und er seine Lehrtätigkeit wieder hätte aufnehmen können.

Die wichtigsten wissenschaftlichen Arbeiten Rousselles sind in den Jahren 1929 bis 1942 im ›Chinesisch-deutschen Almanach‹ und in ›Sinica‹ erschienen. Einige zentrale Studien sind inzwischen durch die Wissenschaftliche Buchgesellschaft, Darmstadt, nachgedruckt worden: ›Vom Sinn der buddhistischen Bildwerke in China‹, 1958, und ›Zur seelischen Führung im Taoismus‹, 1962.

1942 ist im Insel Verlag Rousselles Übersetzung von Lau-Dsïs ›Dau-Dê-Ging‹ erschienen (jetzt wieder aufgelegt als insel taschenbuch 849: ›Lao-Tse, Führung und Kraft aus der Ewigkeit‹). Gleichzeitig mit der Übersetzung hatte Rousselle einen Kommentar zu Lau-Dsïs Werk verfaßt. Er konnte, obgleich Rousselle in Oberbayern alle wissenschaftlichen Hilfsmittel fehlten, 1944 fertiggestellt und in Druck gegeben werden. Doch zweimal wurde der Satz durch Bomben zerstört. Ein Brief des Verlegers vom September 1945 kündigt noch an, daß das Werk zum drittenmal in Satz gehe. Aber dazu ist es nicht mehr gekommen: die Unterlagen gingen in den Nachkriegswirren verloren. Aus der Korrespondenz dieser Zeit ergibt sich, daß sowohl vom ersten wie vom zweiten Satz Fahnenabzüge bestanden und z. T. auch das Korrekturstadium durchlaufen haben müssen. Davon ist nichts erhalten geblieben. Was sich nach Rousselles Tod gefunden hat, ist ein stark zerarbeitetes Manuskript sowie einzelne Korrekturnoten im Briefwechsel mit dem Verleger, die sich auf die Fassung dieses Manuskripts beziehen. Erst im Jahre 1973 ergab sich – nicht zuletzt dank der Initiative von Herrn Dr. Herbert Kessler – eine neue Gelegenheit für eine Veröffentlichung. Für diese Ausgabe, die im E. Keimer Verlag erschienen ist, habe ich aufgrund des nachgelassenen Manuskripts sowie der Notizen und Korrekturnoten die verlorene Druckfassung wiederherzustellen versucht, wobei gelegentliche Übergänge zu glätten und Wiederholungen zu raffen waren. Bei dieser redaktionellen Arbeit, der ich mich nach bestem Vermögen unterzogen habe, durfte ich den fachlichen Rat von Frau Dr. Irmgard Grimm vom Institut für Ostasienkunde an der Universität Hamburg in Anspruch nehmen, wofür ich auch hier nochmals danken möchte.

Nach dieser ersten Veröffentlichung von Rousselles Lau-Dsï-Kommentar kann nun das Werk an der Seite der Übersetzung als insel taschenbuch zum zweitenmal erscheinen. Es empfiehlt sich dies nicht nur dadurch, daß Text und Kommentar zusammengehören, indem der Kommentar die Übersetzung sowohl begründet wie auch interpretiert, sondern es rechtfertigt sich ein unveränderter Neudruck dieses Werkes aus den vierziger Jahren auch durch die besondere Eigenart des Rousselleschen Lau-Dsï-Verständnisses. Die Gründe dafür, daß auf eine Überarbeitung nach dem neuesten Forschungsstand verzichtet worden ist, sind dieselben, die schon für die Publikation von 1973 maßgebend waren: Das Ungewöhnliche dieses Lau-Dsï-Kommentars besteht nämlich darin, daß er nicht in einer mehr oder weniger punktuell den einzelnen Sprüchen und deren philologisch-philosophischen Problemen folgenden Analyse aufgeht, sondern daß Rousselle das Dau-Dê-Ging als ein Werk zu interpretieren versucht, dem eine einheitliche philosophisch-mystische Konzeption zugrunde liegt. Dies gilt auch ungeachtet der Tatsache, daß älteres, traditionelles Gut mit eingeflossen ist. Den methodischen Ansatzpunkt zu einem solchen Verständnis bietet die Analyse des berühmten sechzehnten Spruches, der gleichsam als Skizze der Gesamtkonzeption zu verstehen ist. Als solche enthält er die charakteristischen Begriffe eines mystischen Stufenweges und vermittelt damit die Leitlinie, von der aus die übrigen Sprüche weiterführend und differenzierend herangezogen werden können. Lau-Dsïs Werk trägt also den Schlüssel zu seinem Verständnis in sich selbst. Das heißt jedoch nicht, daß nicht zugleich auch die historische Situation des fünften vorchristlichen Jahrhunderts mit dem Zusammenbruch des alten Kaiserreiches in den Blick zu treten hätte, und das heißt ferner nicht, daß nicht auch die von Lau-Dsï ausgehende chinesische Tradition bis zu den jüngsten Sammelkommentaren – mit der nötigen kritischen Vorsicht – konsultiert worden wäre. Ja, auch auf das Parallelenmaterial, das die vergleichende Religionswissenschaft zu den Formen mystischer Erfahrung bereitstellt, ist bestätigend und erhellend zurückgegriffen worden. Die entscheidende Stütze für seine Interpretation aber fand Erwin Rousselle in persönlichen Erfahrungen, die er beim Studium des in den zwanziger Jahren noch lebendigen Dauismus in China machen konnte. Er ist damals neben Richard Wilhelm als einziger Europäer in eine dauistische Gesellschaft aufgenommen und in ihrer Meditationstechnik geschult worden. Was Richard Wilhelm im ›Geheimnis der Goldenen Blüte‹ dargestellt hat, das findet sich als interpretatorische Perspektive wieder in Erwin Rousselles Darstellung des Dau-Dê-Ging. Dieser Zugang zu einer Lau-Dsï-Deutung ist damit nicht nur in einzigartiger Weise persönlich geprägt, sondern es wird dabei zudem aus Quellen geschöpft, die inzwischen weitgehend verschüttet sein dürften. Darin besteht – bei allen Fortschritten der Sinologie – der bleibende Wert dieses Interpretationsversuchs an einem der großen Werke der Religionsgeschichte und der Weltliteratur.

Walter Haug

China
im Insel und Suhrkamp Verlag

Ba Jin: Die Familie. Aus dem Chinesischen von Florian Reissinger. Mit einem Nachwort von Wolfgang Kubin. st 1147

– Kalte Nächte. Roman. Aus dem Chinesischen von Sabine Peschel und Barbara Spielmann. Mit einem Nachwort von Wolfgang Kubin. Gebunden. (Suhrkamp)

– Shading. Erzählung. Aus dem Chinesischen von H. Forster. BS 725

Bartke, Wolfgang: Die großen Chinesen der Gegenwart. Ein Lexikon 100 bedeutender Persönlichkeiten Chinas im 20. Jahrhundert. Leinen und st 1144

Blick übers Meer. Chinesische Erzählungen aus Taiwan. Herausgegeben von Helmut Martin, Charlotte Dunsing und Wolf Baus. es 1129

Chinesische Liebesgedichte aus drei Jahrtausenden. Aus dem Chinesischen von Ernst Schwarz. Mit zeitgenössischen Illustrationen. it 442

Chinesische Novellen. Übertragen von Franz Kuhn. Herausgegeben von Vénceslava Hardlicková. it 848

Chinesische Volkserzählungen. Ausgewählt und mit einem Nachwort von Kuan Yu-Chien. Mit Illustrationen von I-Ching Cheng. it 522

Chinesisches Theater. Mit Materialien zur Geschichte des chinesischen Sprechtheaters. Herausgegeben von Bernd Eberstein. Gebunden

Dahmer, Manfred: Qin. Die klassische chinesische Griffbrettzither und ihre Musik in Geschichte, Geschichten und Gedichten. Mit zahlreichen Illustrationen. IB 1024

Deutsche Denker über China. Herausgegeben von Adrian Hsia. it 852

Ding Ling: Das Tagebuch der Sophia. Aus dem Chinesischen von Bernd Fischer, Anna Gerstlacher, Johanna Graefe, Renate Krieg, Wolfgang Kubin, Julia Mollée, Eva Sternfeld. BS 670

Die drei Reiche. Roman aus dem alten China. Aus dem Chinesischen von Franz Kuhn. Mit 24 Holzschnitten. it 585

Eich, Günter: Aus dem Chinesischen. BS 525

Eisherz und Edeljaspis oder Die Geschichte einer glücklichen Gattenwahl. Ein Roman aus der Ming-Zeit. Übertragen von Franz Kuhn. Mit 16 Holzschnitten. it 123

Gernet, Jacques: Die chinesische Welt. Die Geschichte Chinas von den Anfängen bis zur Jetztzeit. Aus dem Französischen von Regine Kappeler. Leinen und Sonderausgabe

77/1/2.85

China
im Insel und Suhrkamp Verlag

Granet, Marcel: Das chinesische Denken. Inhalt-Form-Charakter. Übersetzt und eingeleitet von Manfred Porkert. Mit einem Vorwort von Herbert Frank. stw 519

– Die chinesische Zivilisation. Familie-Gesellschaft-Herrschaft. Von den Anfängen bis zur Kaiserzeit. Übersetzt und eingeleitet von Claudius C. Müller. Mit einem Vorwort von Wolfgang Bauer. stw 518

Guo Moruo: Kindheit. Autobiographie, erster Teil. Aus dem Chinesischen von Ingo Schäfer. Gebunden

– Jugend. Autobiographie, zweiter Teil. Aus dem Chinesischen von Ingo Schäfer. Gebunden

Hsia, Adrian: Hermann Hesse und China. Darstellung, Materialien, Interpretationen. Gebunden und st 673

Kaltenmark, Max: Lao-tzu und der Taoismus. Aus dem Französischen von Manfred Porkert. es 1055

King Ping Meh oder die abenteuerliche Geschichte von Hsi Men und seinen sechs Frauen. Aus dem Chinesischen und mit einem Nachwort von Franz Kuhn. Lederausgabe, Geschenkausgabe und it 253

Konfuzius: Die Weisheit des Konfuzius. Übersetzt und eingeleitet von O. H. Stange. IB 830

Lao She: Die Stadt der Katzen. Phantastischer Roman. Aus dem Chinesischen von Volker Klöpsch. st 1154

– Das Teehaus. Mit Aufführungsfotos und Materialien. Herausgegeben von Uwe Kräuter und Huo Yong. es 1054

Lao Tse: Die Bahn und der rechte Weg. Der chinesischen Urschrift nachgedacht von Alexander Ular. IB 991

– Führung und Kraft aus der Ewigkeit. Aus dem Chinesischen von Erwin Rousselle. it 849

Lorenz, Richard (Hg.): Umwälzung und Gesellschaft. Zur Sozialgeschichte der chinesischen Revolution (1911-1949). es 870

Lu Xun: Die wahre Geschichte des Ah. Q. Erzählung. Übertragen von J. Kalmer, bearbeitet von O. v. Törne. BS 777

Mäding, Klaus: Strafrecht und Massenerziehung in der Volksrepublik China. es 978

Mao Dun: Schanghai im Zwielicht. Roman. Mit einem Geleitwort von Mao Dun. Aus dem Chinesischen von Franz Kuhn. Revidiert von Ingrid und Wolfgang Kubin. Mit einem Nachwort von Wolfgang Kubin. st 920

77/2/2.85

China
im Insel und Suhrkamp Verlag

Moderne chinesische Erzählungen:
Band 1: Hoffnung auf Frühling. (1919-1949). Herausgegeben von Wolfgang Kubin.
Band 2: Hundert Blumen (1949-1979). Herausgegeben von Volker Klöpsch und Roderich Ptak. es 1010

Moderne chinesische Literatur. Materialien. Herausgegeben von Wolfgang Kubin. stm 2045

Nachrichten von der Hauptstadt der Sonne. Moderne chinesische Lyrik 1919-1980. Herausgeben von Wolfgang Kubin. es 1322

Needham, Joseph: Wissenschaft und Zivilisation in China. Band 1 der von Colin A. Ronan bearbeiteten Ausgabe. Aus dem Amerikanischen von Rainer Herbster. Leinen

– Wissenschaftlicher Universalismus. Über Bedeutung und Besonderheit der chinesischen Wissenschaft. Herausgegeben und aus dem Amerikanischen von Tilman Spengler. Leinen und stw 264

Die Rache des jungen Meh oder Das Wunder der zweiten Pflaumenblüte. Aus dem Chinesischen von Franz Kuhn. it 353

Die Räuber vom Liang Schan Moor. Ein altchinesischer Roman. Übertragen von Franz Kuhn. Mit 60 Holzschnitten. Zwei Bände. it 191

Schluchter, Wolfgang: Max Webers Studie über Konfuzianismus und Taoismus. Interpretation und Kritik. stw 402

Shen Cong-Wen: Erzählungen aus China. Aus dem Chinesischen von Ursula Richter. Mit einer Titelkalligraphie des Autors. Gebunden

– Die Grenzstadt. Novelle. Aus dem Chinesischen von U. Richter. BS 861

Spence, Jonathan D.: Ich, Kaiser von China. Ein Selbstportrait des Kangxi-Kaisers. Aus dem Englischen von Stefan B. Polter. Gebunden

Der Traum der roten Kammer. Ein Roman aus der frühen Tsing-Zeit. Aus dem Chinesischen von Franz Kuhn. Mit 34 Bildern nach alten chinesischen Holzschnitten und einem Begleitwort. it 292

Tschuang-Tse: Reden und Gleichnisse des Tschuang-Tse. Ausgewählt und mit einem Nachwort von Martin Buber. it 205

Wagner, Rudolf G. (Hg.): Literatur und Politik in der Volksrepublik China. es 1151

Waley, Arthur: Lebensweisheit im Alten China. Aus dem Englischen von Franziska Meister-Weidner. st 217

Watts, Alan: Der Lauf des Wassers. Eine Einführung in den Taoismus. Aus dem Amerikanischen von Susanne Schaupp. st 878

77/3/2.85

China
im Insel und Suhrkamp Verlag

Wen Kang: Die schwarze Reiterin. Roman aus der Tsing-Zeit. Aus dem Chinesischen von Franz Kuhn. Mit zeitgenössischen Illustrationen. it 474

Wilhelm, Hellmut: Die Wandlung. Acht Essays zum I-Ging. Mit einem Nachwort von Wolfgang Bauer. st 1146

Wilhelm, Richard: Die Seele Chinas. Mit einem Vorwort von Wolfgang Bauer und Abbildungen. Gebunden

77/4/2.85